Sai pra lá, mané!

Universo dos Livros Editora Ltda.
Rua do Bosque, 1589 – Bloco 2 – Conj. 603/606
CEP 01136-001 – Barra Funda – São Paulo/SP
Telefone/Fax: (11) 3392-3336
www.universodoslivros.com.br
e-mail: editor@universodoslivros.com.br
Siga-nos no Twitter: @univdoslivros

JANE MATTHEWS

Sai pra lá, mané!

São Paulo
2012

Lose that loser and find the right guy
© 2005 by Axis Publishing Limited

© 2012 by Universo dos Livros
Todos os direitos reservados e protegidos pela Lei 9.610 de 19/02/1998. Nenhuma parte deste livro, sem autorização prévia por escrito da editora, poderá ser reproduzida ou transmitida sejam quais forem os meios empregados: eletrônicos, mecânicos, fotográficos, gravação ou quaisquer outros.

Diretor-Editorial: **Luis Matos**
Editora-Chefe: **Marcia Batista**
Editora-Assistente: **Noele Rossi**
Assistentes-Editoriais: **Bóris Fatigati, Raíça Augusto e Raquel Nakasone**
Tradução: **Caroline Furukawa**
Preparação: **Juliana Mendes**
Revisão: **Juliana Rebelo**
Arte: **Camila Kodaira**
Capa: **Zuleika Iamashita**
Ilustração da capa: **Guillermo Cubillos**
Impressão e Acabamento: **Intergraf Ind. Gráfica Ltda.**

Dados Internacionais de Catalogação na Publicação (CIP)
(Câmara Brasileira do Livro, SP, Brasil)

M441s	Matthews, Jane.
	Sai pra lá, mané! / Jane Matthews; [tradução de Caroline Furukawa]. – São Paulo : Universo dos Livros, 2012.
	128 p.
	Tradução de: Lose that loser and find the right guy
	ISBN 978-85-7930-304-3
	1. Relacionamento. 2. Autoajuda. 3. Autoestima. I. Título.
	CDD 306.7086

Agradecimentos

Obrigada a Jackie Ruane por lançar um olhar de especialista sobre o texto, compartilhando sua experiência e fazendo algumas sugestões

Sumário

Introdução 9
1 Você está a fim de um mané? 13
2 Tudo sobre você 31
3 Assuma o controle! 49
4 Jogando limpo! 63
5 A vida de solteira 87
6 Encontrando um novo homem 109

Introdução

A maioria de nós já teve a infelicidade de namorar um mané em algum momento da vida, então sabemos quão doloroso isso pode ser.

Se pelo menos a dor fosse como uma dor de dente: basta uma visita ao dentista, a corajosa decisão de arrancar o problema da sua vida e a dor insuportável vai embora em um instante. Mas é muito mais comum o caso do joelho esfolado: primeiro a ferida não parece tão dolorida, então você simplesmente a ignora, mas depois ela se torna séptica. Toda vez que você acha que está cicatrizando, bate novamente o machucado e a ferida é reaberta. Quando a casquinha finalmente cai, você ganha uma bela cicatriz.

Se o título deste livro gritou "Me compre!" enquanto você fuçava nas prateleiras, a chance é que seja porque você já se cansou da sua ferida e da dor que ela lhe causa. Você morre de medo da marca que essa cicatriz pode lhe deixar. Você olha em volta e vê as outras pessoas aparentemente "dando certo" e se pergunta por que os caras que você namora sempre acabam se revelando uns babacas.

Você provavelmente está começando a imaginar se, por acaso, tem uma placa de "me escolha" bem acima da sua cabeça, visível somente para homens já comprometidos, homens que têm pavor de comprometimento, chegados à libertinagem ou adeptos dela, não confi-

> A vida com um mané a leva rapidamente... a lugar nenhum. É tempo de espairecer, ser ousada, abrir caminho para um novo e brilhante futuro, livre do homem errado.

áveis, indisponíveis, imprevisíveis ou simplesmente visível para um tipo bem desagradável de mané.

Você quer saber como eliminar o mané atual da sua vida e reconhecer o próximo antes que você se apaixone por ele? Não tenha medo. O objetivo deste livro é ajudar você a se livrar desse seu mau hábito de uma vez por todas!

Comece dando uma boa olhada em alguns tipos bem familiares de manés (e nos joguinhos que eles gostam de fazer) e você descobrirá o que a atrai neles – e o que em você os atrai. Uma vez que você souber e entender o que controla seus impulsos, terá uma chance maior de repensar o modo como "age" em relacionamentos.

O próximo passo é respirar fundo, focar em pensamentos positivos, acreditar em você mesma – em seus sentimentos mais profundos – e despachar não só o namorado mané que atualmente a faz infeliz, mas também a mentalidade que, no passado, permitiu que um da mesma espécie chegasse e simplesmente tomasse o lugar de outro mané – como a erva daninha que sempre cresce mesmo depois de cortada porque as raízes não foram arrancadas.

> Você merece o melhor, então vá em frente: tome a decisão de se livrar do mané e recupere a felicidade e o controle de sua própria vida.

Vamos também lhe dar dicas de como se virar nos meses seguintes ao fim do seu caso amoroso. Infelizmente, o fato de você se encontrar em um relacionamento ruim não significa que terminá-lo será mais fácil. No entanto, depois disso você será capaz de fazer muito mais sozinha e – quando estiver pronta – de se colocar no topo do pódio, com um cara que te ajude a se sentir bem melhor (e não pior) consigo mesma, que elogie seu caráter, em vez de reprimi-lo ou criticá-lo.

Como em qualquer jornada, usar este livro para se livrar dos babacas requer que você faça um pequeno esforço e desafie não só você mesma como também o cara em questão. Você estará olhando para si, para o que a constitui, para suas crenças e para o que você quer exatamente no futuro.

Se isso lhe parece um trabalho muito duro, ou a preocupa e assusta, basta se perguntar se a vida com um mané não é infinitamente mais desgastante – e se você não fica mais assustada de ter que aguentá-lo pelo resto da vida. Vá em frente, livre-se dele...

Você está a fim de um mané?

1 É a coisa mais fácil do mundo sacar que o namorado da sua amiga é um mané – você e todas as suas amigas sabem disso. Mas perceber que o seu próprio novo amor é um deles é quase impossível. Este capítulo é um guia, um tiro certeiro em direção aos tipos mais comuns de manés que você está propensa a encontrar em meio à busca pelo Homem Certo.

Príncipe encantado?

Só se você tivesse ficado presa em uma torre por cem anos para não saber que uma garota tem de beijar muitos sapos antes de encontrar seu lindo príncipe.

Em geral, sapos são bem fáceis de serem identificados: eles ficam no seu pé, no meio do caminho, andam com outros seres grotescos e é obvio que se aproximar deles será uma experiência intoxicante.

Mas o que acontece quando um sapo, de alguma forma, consegue se disfarçar de Príncipe Encantado e faz você acreditar que vocês viverão felizes para sempre?

Vamos ser honestas, todas já passamos por isso. Convencidas de que esse caso de amor ia mesmo ter seu final feliz, prestes a descobrir que, debaixo da armadura reluzente, ele é mais como uma meleca pegajosa, só esperando que você o adore, com verrugas e tudo.

Algumas garotas realmente transformam isso em um hábito – veja a Elena, por exemplo. Garota brilhante, extremamente talentosa – e fatalmente atraída por qualquer cara que já divida a escova de dentes com outra mulher. Eles sempre dizem para ela que deixarão suas mulheres, mas acabam comprando outra escova de dentes para dividir com Elena também. "No fim eu canso de ter que acordar no meio da noite para abrir a porta para ele ou de ter que viajar de férias sozinha", ela lamenta.

> O problema é que o homem errado pode parecer o homem certo, se você não estiver sempre alerta.

Rosa, por sua vez, não se contenta só com um tipo de sapo. A paixão do seu primeiro namorado pelos negócios acabou por levar ambos à falência, então ela procurou um pouco de segurança em um cara cuja mãe ainda comprava suas meias – e estava empolgada por ter alguém que agendaria as visitas ao barbeiro para o seu filho no futuro. Agora, Rosa está com um cara que só precisa dela quando seu chefe pede que ele leve uma acompanhante a algum evento da empresa. Ela sempre diz: "Quando ele for promovido, terá mais tempo, e então nós poderemos nos ver mais. Pelo menos ele consegue cuidar de si mesmo".

Sim – e cuidar dele mesmo e das próprias necessidades (e não das suas) é exatamente o que ele está fazendo, ele e todos os outros Homens Errados.

Você provavelmente já deva conhecer alguns tipos de Homens Errados. Você já os namorou, suas amigas já os namoraram, você já leu sobre eles nas revistas. Mas continue lendo para descobrir ainda mais.

> Ele faz você rir, mas ele deve rir muito mais de você se está de rolo com outra mulher ao mesmo tempo.

A lista de manés é infinita

Alguns manés são mais facilmente reconhecíveis do que outros, mas aqui vai um guia básico dos tipos mais comuns em circulação.

1. O Homem Casado

Mesmo que ele não esteja usando uma aliança, você logo saberá dizer se ele é casado. Se ele fica olhando para o relógio, se não sai com você durante o dia, nunca sugere que você conheça os amigos dele e não pode vê-la no final de semana é porque são três pessoas que fazem parte desse relacionamento.

2. O Indisponível

Esse tipo é o mais difícil de dizer o que há de errado. O Indisponível é bem parecido com o Homem Casado. Ele é perfeito para você em todas as ocasiões, exceto quando você quer alguma coisa – como um pouco de segurança ou conforto, ou mesmo só um pouquinho mais dele. Emocionalmente, é como se vocês estivessem em continentes diferentes, mas você persiste porque, no fim, a culpa é sua, é você que está pedindo demais. Certo? Errado!

3. O Bad Boy

Pense no Joey do seriado *Friends*. Ele é simplesmente uma delícia de se conviver e é maravilhoso na cama. Como não achá-lo irresistível? Até a manhã seguinte, quando o telefone não toca. E três semanas depois, quando ele finalmente liga, você acha o sutiã de alguma outra mulher enfiado no canto do sofá. Ele se justifica com aquele olhar encantador de garoto safado e diz que sente muito. Isso não vai acontecer de novo, claro – e Papai Noel existe.

4. O Viciado em Sexo

O Viciado em Sexo tem fixação por satisfazer-se fisicamente, mas ele não precisa necessariamente ser infiel para provar isso, a menos que você considere garotas de pôsteres suas rivais. Esse homem nunca encontrou uma maneira de expressar seus sentimentos a não ser pelo sexo: se ele quer carinho ele acha que quer sexo; se ele está com medo ele acha que quer sexo; se ele quer que você o entenda – é isso mesmo, sexo de novo.

É claro que se você não estiver por perto para transar com ele, ele é perfeitamente capaz de se satisfazer com a ajuda da secretária ou de alguma outra colega.

5. O Não Confiável

Esse mané nem precisa que você fique muito por perto. O que os olhos não veem o coração não sente, na cabeça dele. Ele pode até adorar estar com você, mas não vá achando que pode contar com ele, porque no fundo ele ainda é uma criança. Ele não vai cumprir as promessas que fez – porque te enganou ou porque esqueceu. Aliás ele vai esquecer tudo de importante que você disser para ele – é bem provável que ele te dê um bolo.

6. O Carente

O Carente está sempre presente, mesmo quando você prefere que ele não o faça porque gostaria de ter um momento para si mesma. De fora, pode parecer que esse cara sensível e aberto seja o Homem Certo, especialmente se você tiver acabado de escapar dos outros tipos de manés sem salvação. Mas a frieza no olhar dele quando diz que está tão apaixonado que morreria se um dia você o deixasse é um sinal que pode ser percebido cedo ou tarde. Ele vai satisfazer a sua vontade de comer um sanduíche às duas da manhã se você satisfizer a constante necessidade de aprovação dele.

Em outras palavras, uma vez envolvida, é difícil conseguir se desvincular desse homem. Ele não quer só estar na sua cama. Ele quer estar no seu DNA e se livrar de tudo mais que possa exigir um nanossegundo de sua atenção, mesmo que seja o trabalho, suas amizades, sua vida social ou seu tempo livre.

Corações solitários

Pergunte-se o seguinte: se as suas amigas estivessem namorando um desses sujeitos, ou se você cruzasse com o perfil deles em anúncios de pessoas solteiras, algum deles lhe pareceria um bom partido? Dificilmente!

Montanha-russa: procuro alguém com quem dividir a adrenalina, uma garota disposta a segurar minhas fichas no cassino ou minha toalha enquanto surfo. Tenho entusiasmo mais do que suficiente para nós dois, e é por isso que vou fazê-la vibrar. **Contato:** O Homem-ação

Minha mulher realmente não me entende: mas você e eu sabemos exatamente do que precisamos. Amor, sexo e discrição, e não há motivos para nenhum de nós ficar para o café da manhã. **Contato:** Homem Casado

> Poucos anúncios serão tão honestos quanto esses exemplos. Se certifique de que leu as entrelinhas enquanto procura o Homem Certo.

O Solitário: à procura de uma companheira de aventuras. A vida será um conto de fadas se você se juntar a mim e pararmos o mundo para fugir juntos. Viveremos de néctar e de 1.001 histórias sobre como eu tinha sido mal-entendido, abusado e enganado. **Contato:** *Homem Carente*

Livre, leve e solto: incrivelmente maravilhoso e disponível para o que você desejar – exceto conforto, comunicação, comprometimento e cuidado. **Contato:** *Homem Indisponível*

Exige-se mulher-troféu para um confuso Casanova: vou cortejar você, ganhar você e lhe proporcionar os melhores momentos de sua vida. Mas sem compromisso – o único lugar onde pode me colocar uma coleira é na cama. **Contato:** *Bad Boy*

Me adota?: homem desorganizado e sem-teto procura mulher madura para cuidar dele, de sua carreira, finanças, vida social e guarda-roupa. Parceiro ideal para qualquer garota que queira praticar fazer filhos. **Contato:** *Homem Não Confiável*

Fissurado em sexo: quer alguém para compartilhar o gosto por sexo ao telefone, nas salas de bate-papo, sexo

> É importante que você aprenda com seus erros, ou seja, tenha cuidado para não cair novamente na armadilha ou simplesmente trocar um tipo de mané por outro.

não convencional, a dois, a três, aos montes, idas a *sex shops* e masturbação a todo momento? Se você for minha musa, posso deixar você me assistir fazendo tudo, menos fazendo amor com você. **Contato:** *Viciado em Sexo*

Homem destemido, à procura de seguidoras: eu poderia governar o país, mas posso me contentar em governar você. Eu comandarei você no quarto e em qualquer outro lugar. Só não me chame de louco controlador – ou faça qualquer coisa que eu tiver mandado você não fazer. **Contato:** *Homem Controlador*

Mané, mané, mané

A lista de manés não termina nunca. Embora os perfis listados aqui sejam alguns dos tipos mais comuns de Homens Errados, você ainda pode descobrir que o espécime que se encontra em seus lençóis é uma combinação de vários deles.

Eu Me Amo

O único objeto do amor do tipo Eu Me Amo é ele mesmo. Repare quando ele passar por um espelho. Ele não consegue não se olhar! Ele precisa é dar uma boa olhada em si mesmo só para ter certeza que seu visual continua tão maravilhoso quanto há dois minutos, quando ele se admirou no retrovisor do carro. Você servirá só para fazê-lo parecer bem, e ele ama a si próprio mais do que ele um dia amará você.

Umbigo do Mundo

Este homem estilo faça-do-meu-jeito realmente precisava ter nascido há dois séculos, quando sua opressiva necessidade de fazer as outras pessoas enxergarem as coisas ao seu modo poderia ter sido mais apreciada, poupando-o de ter de carregar consigo seu palanque. Você não é a namorada dele. É só a audiência.

Controlador

Este é um tipo problemático de se lidar, porque todas nós garotas aprendemos com os contos de fadas – de *Cinderela* a *Uma Linda Mulher* – que os Homens Certos devem ser durões. Então pode levar um tempo até que você perceba que esse cara não está só dirigindo o carro, mas ele também tem em mãos o mapa, as chaves, os CDs e o dinheiro do estacionamento. E não ouse discutir com ele sobre qual o melhor caminho a seguir, ou você conhecerá a verdadeira fúria sobre rodas.

Homem-ação

O Homem-ação é profundamente apaixonado por ele mesmo e por sua vida aventureira, mas seu único movimento será deixá-la em segundo plano. Ele

> Lembre-se: o Homem Certo deve se importar com você tanto quanto ele se importa com ele mesmo

quer que você encha o cantil, não o saco dele, e vai gostar de exibir você juntamente com os troféus brilhantes em sua prateleira.

Casado-com-meu-trabalho

E quanto ao Casado-com-meu-trabalho, esse *workaholic* pode estar disponível no escritório o tempo todinho, mas ele está completamente indisponível para você – tanto física quanto emocionalmente. E se você ousar reclamar das horas que ele dedica ao seu real amor (o trabalho), ele vai insitir que você só está com inveja da carreira dele ou que você é ingrata pelos sacrifícios que ele faz para mantê-la bem-vestida.

Mais sobre os manés

Na outra ponta da enorme lista estão aqueles cujos hábitos podem ser horríveis, mas são inofensivos. Talvez ele seja um desajeitado que nunca abaixa a tampa da privada, mas o seu cabelo longo também é responsável por entupir o ralo. Ou então ele adora modernidades e fica desmontando todas as suas coisas para ver como funcionam? Mas você também tem mais batons guardados (e que não usa) que o shopping do lado da sua casa. É crucial saber que perfeição só acontece em Hollywood – e só por um instante, porque no momento em que o Homem Certo e a mocinha superam todas as dificuldades, os créditos aparecem na tela. É importante também lembrar que, assim como o amor, os relacionamentos na vida real requerem bom humor, tolerância e sabedoria. Saiba reconhecer a diferença entre o cara que faz um esforcinho pelo relacionamento e aquele que fica grudado no sofá e prefere passar as noites e finais de semana com seu videogame e amigos a passar com você.

Ninguém é perfeito (e isso inclui você), então tente reconhecer a diferença entre manias irritantes e defeitos fatais na procura pelo Homem Certo.

Manés barra-pesada

Existem outros tipos de manés com diversos vícios (alcóolatras, viciados em apostas, drogados, violentos) que podem ter passado pela sua vida, mas este livro não é sobre eles. Se o seu homem tem algum problema que implique em infringir leis, que a debilite ou ameace fisicamente, então ele precisa de ajuda profissional. O modo como ele se comporta é responsabilidade dele, não sua. Contudo, se é difícil tirá-lo da sua vida, não hesite em procurar ajuda e apoio.

Teste do mané

Para ajudar você a decidir se o comportamento dele faz mal de verdade a você ou só a deixa um pouco incomodada, tente fazer o teste "Você está apaixonada por um mané?". O resultado rapidamente a ajudará a descobrir se vale a pena continuar com ele.

Como ele age quando você está com suas amigas?

- ☐ 1. A gente sempre se encontra às escondidas, então ele nunca conheceu nenhuma amiga minha, na verdade.
- ☐ 2. Ele não gosta que eu passe muito tempo com minhas amigas quando eu poderia estar com ele, então não tenho saído com elas.
- ☐ 3. Ele é legal com elas quando as encontra, mas depois fica falando mal delas pelas costas.
- ☐ 4. Ele paquera minhas amigas descaradamente, e eu fico meio sem graça.
- ☐ 5. Ele gosta das minhas amigas e as respeita. Nós sempre saímos todos juntos e nos divertimos muito.

Vocês acabaram de fazer amor. O que ele faz em seguida?

- ☐ 1. Ele se estica e pega uns lencinhos para se limpar, e depois pergunta se o cabelo dele está bom.

☐ **2.** Ele diz que não pode viver sem mim e pega no sono em meus braços como um garotinho contente.

☐ **3.** Ele quer que a gente assista ao canal pornô ou olhe umas revistas de mulher pelada até que ele esteja pronto para começar de novo (e de novo).

☐ **4.** Ele se tranca no banheiro para checar suas mensagens no celular sem que eu veja.

☐ **5.** Às vezes conversamos, às vezes pegamos no sono, às vezes fazemos amor outra vez.

Como é a relação dele com as ex-namoradas?

☐ **1.** Ele fala sobre elas constantemente e parece bem amargurado.

☐ **2.** Ele ainda tem o telefone de todas elas na agenda e gosta de ficar se gabando sobre quanto elas são maravilhosas.

☐ **3.** Ele diz que não lembra o nome delas e às vezes se esquece até do meu.

☐ **4.** Elas ainda fazem parte da vida dele, ainda estão de olho. É como namorar um cara com sete irmãs mais velhas.

☐ **5.** Ele mantém contato com algumas, e nós conversamos sobre como um não era a pessoa certa para o outro.

VOCÊS VÃO VIAJAR JUNTOS. COMO VOCÊS PASSAM O TEMPO?

☐ 1. Aplicando protetor fator 60. A mulher dele acha que ele está em uma conferência em Estocolmo.

☐ 2. Na verdade, não passamos o tempo juntos. Eu vou passear sozinha enquanto ele tira um cochilo, mas se estivermos em uma balada lotada e ele já tiver bebido umas, aí temos momentos fantásticos.

☐ 3. É tudo um pouco intenso. Ele não quer conversar com ninguém a não ser comigo e não tem sentido irmos à praia porque ele fica superchateado se outros homens ficam olhando para mim de biquíni.

☐ 4. Eu passo meu tempo vendo-o olhar para outras mulheres.

☐ 5. Nós fazemos um pouco de tudo e sempre temos vontade de ligar para o trabalho para dizer que nosso voo foi cancelado e não conseguiremos voltar para casa.

Então, como ele pontuou?
Não é nenhuma ciência complicada: cada resposta de 1 a 4 é um sinal de que alguma coisa não vai bem. Não importa quais respostas foram marcadas, a não ser que você só tenha respondido 5 para tudo. Se esse for o seu caso, então você já pode parar de ler este livro e doá-lo para alguma de suas amigas necessitadas. Mais de uma ou duas escolhas das opções de 1 a 4 indica que seu conto de fadas cedo ou tarde irá se tornar um filme de terror.

Como ele faz você se sentir?

A seguir, vamos dar uma olhada na lista que segue para identificarmos e começarmos a aceitar como o seu homem realmente faz você se sentir.

Se ele faz você se sentir mal consigo mesma, provavelmente não é a pessoa certa para você. Você merece alguém que faça você se sentir especial todos os dias.

O problema é o seguinte: não importa quanto você se esforce para se enganar e provar para si mesma que ele é o cara certo, e que basta só um pouquinho mais de esforço ou trabalho árduo da sua parte para fazer dar certo, você nunca poderá mentir para seus sentimentos.

Nós todas estamos equipadas com radares muito potentes, capazes de detectar vibrações de cada relacionamento que temos, tudo o que é dito e feito – tanto coisas boas quanto ruins. Então, quando vemos nossos amigos ou familiares se relacionando com os parceiros errados, nossos radares começam a emitir alertas de perigo. E quando lemos artigos sobre as desastrosas idas e vindas dos famosos, sabiamente concordamos que o relacionamento deles deve acabar antes mesmo da próxima edição da revista.

Então, por que não usamos esse nosso radar conosco? Bom, principalmente porque não queremos – ou não ousamos – acreditar que é verdade aquilo que nossos sentimentos estão nos dizendo. E no final, uma vez que os ouvimos, não há desculpa para não agirmos.

Por exemplo:

- Você tem medo de discutir com ele porque ele diz que você está sendo desleal?
- Ele faz você achar que está sendo neurótica porque você quer saber onde ele estava às três horas da manhã da noite passada quando os seus amigos disseram que o viram na balada?
- Você se sente culpada por querer continuar tendo sua noite com as amigas todo mês porque sabe que ele vai ficar sentado no sofá de casa sozinho e triste?
- Você fica chateada com o enorme tempo que ele gasta com os amigos, colegas de trabalho e família porque ele não conta nada para você sobre eles e nunca sequer a levou para conhecê-los?
- Você se sente isolada do mundo e afastada das coisas que você sempre gostou de fazer?
- Existem muitos dias em que você se sente muito mal consigo mesma porque ele põe defeito na maneira como você se veste, fala, pensa e/ou se comporta?
- Você se sente vazia e abandonada logo após vocês fazerem amor?

Esses são apenas alguns sinais advertindo você de que ele provavelmente não é o cara certo. Isso não quer dizer que talvez ele não seja o cara certo para ninguém. O mané de alguma garota pode ser o Homem Certo de outra, dependendo de quanto cada um traz para o relacionamento – o que será o assunto do nosso próximo capítulo.

O FUTURO DISTANTE

Por enquanto, tudo o que você precisa fazer é focar em como seu relacionamento a faz se sentir. Por que não começar com uma nota no fim do seu diário? Não precisa ser nada muito sério. Apenas prometa a si mesma que toda vez que sentir algo de estranho você vai escrever sobre isso: o que vocês estavam fazendo no momento, o que ele está fazendo de errado, como você tem se sentido?

Se você começar a achar que esses sentimentos negativos que tem sobre ele estão se fortificando, então está na hora de tomar algumas providências para tirá-lo de sua vida. Mas, mais uma vez, você já sabe disso porque acabou de tomar o primeiro passo – por que mais este livro teria atraído a sua atenção?

> Fazer anotações quando seu homem a fizer se sentir mal vai ajudá-la a descobrir se vale ou não a pena continuar com ele.

Tudo sobre você

2 Se você realmente atrai manés, então há algo de errado com os homens, certo? Bom, sim e não. Já que não existe um cara 100% mané (porque o mané de uma pode ser o Homem Certo de outra), deve haver algo em você que dite o tipo de cara que você atrai e com quem você acaba ficando. Tão fácil quanto culpar o cara quando as coisas dão errado, também não faz mal nenhum tentar olhar um pouco para si mesma.

Um pouco de história

A vida pode ser como uma caixinha de bombons, mas achar o verdadeiro amor é mais como a receita do seu sorvete favorito: bem difícil de achar!

Encontrar a receita para um relacionamento de sucesso parece simples, e seria mesmo se você sempre procurasse por sorvete de creme para fazer o melhor do seu sundae. Mas não é isso o que acontece, talvez porque seus pais tenham criado você para acreditar que qualquer sabor que não seja chocolate é o sabor errado a se escolher. Ou talvez porque você estava usando uma camiseta creme no dia em que o seu cachorro morreu e passou a odiar tudo o que lembre essa cor desde então.

> No decorrer da vida adulta, as escolhas que fazemos em nossos relacionamentos são afetadas por tudo o que aconteceu conosco anteriormente: tudo o que passamos, vimos, ouvimos e sentimos.

A questão é que cada escolha que fazemos no amor é baseada no nosso passado. Podemos achar que estamos procurando por alguém que nos complemente, mas estamos, na verdade, procurando por alguém que nos complete:

- Para confirmar o que achamos que sabemos sobre relacionamentos.

- Para nos relembrar sentimentos familiares e fazer reviver momentos felizes.

- Para revivermos o passado e, dessa vez, fazê-lo direito.

Famílias felizes?

Logo após os pais da Jane se separarem, ela entrou na faculdade. Em volta dela, todos os colegas estavam se divertindo: tinham finalmente se soltado da coleira dos pais, estavam fazendo vários amigos novos, conhecendo novos lugares, socializando, reconhecendo seu território.

> Vale a pena dar uma boa olhada em nós mesmas antes de pôr a culpa de nossos relacionamentos fracassados em outra pessoa.

Jane, por sua vez, conheceu Paulo na fila da matrícula da faculdade e eles passaram os três anos seguintes vivendo uma vida de casados. Aos dezoito anos, o subconsciente dela decidiu que ele seria o substituto perfeito para a família arruinada. Eles passavam a maioria dos finais de semana na casa dos pais dele, e enquanto Jane e sua sogra saíam para fazer compras, Paulo e seu pai passavam o dia lavando os carros. Eles eram a família perfeita, o que provavelmente explica por que ela sempre ficava desconfortável ao fazer amor com Paulo. Ele entrou nessa para ser um namorado e ela o transformou em um irmão.

> É preciso que você entenda e ame a si mesma antes de conseguir ter um relacionamento saudável com outra pessoa.

Cinco anos se passaram desde o início da faculdade até chegar o momento em que Jane realmente se desligou de sua casa... que foi quando ela deixou Paulo. E levou no mínimo o mesmo tempo até que ela reconhecesse que os altos e baixos de sua vida amorosa talvez tivessem mais a ver com toda a bagagem emocional do seu passado do que ela imaginava.

E por mais rápida que você tenha sido em julgar que a Jane "desperdiçou" os melhores anos da vida dela, saiba que as suas escolhas provavelmente são tão influenciadas pelo seu passado quanto as dela. Pergunte-se o seguinte: enquanto você estava namorando, quanto pensou no que realmente a atraiu no seu homem? E não estamos falando do que você diz para suas amigas: como você adora o sorriso dele, os seus braços fortes, seu bumbum durinho, seu estilo e sua conta bancária (claro).

Procure mais a fundo, olhe para o que ele realmente é: seu caráter, seu comportamento, o jeito como ele te trata e o jeito como você se sente perto dele. Isso a atinge de um modo capaz de ativar as memórias certas em você. Você precisa identificar qual parte específica do seu sistema está sendo manipulada pelo seu homem e começar a entender o porquê disso.

> **Se você está seriamente querendo se livrar dos seus manés, então precisa dar uma olhada na sua própria agenda secreta.**

Então, antes de continuarmos, tente fazer um exercício no sentido inverso para avaliar seus relacionamentos passados e ajudá-la a identificar seus padrões.

Olhando para o seu histórico de relacionamentos

Pegue uma folha de papel em branco e faça uma coluna do lado esquerdo escrevendo os nomes de todos os caras com que você já namorou por um tempo suficiente para dizer seus defeitos e qualidades.

Então faça mais três colunas e intitule-as "pontos positivos", "pontos negativos" e "sentimentos".

Para cada um, pense no que mais gostava nele e anote na coluna das coisas boas. Por exemplo, ele pode ter sido bom, generoso, intuitivo, engraçado, bom de cama, cheio de energia etc.

A próxima coluna é a mais importante agora. Quais eram as características dele que você detestava? Ele era muito crítico, esquisito, reclamão, ausente, superprotetor, preguiçoso?

Tenha em mente, nesse momento, que não importa o que as outras pessoas pensavam dele. Você achar que ele era "superprotetor" pode parecer, para outra pessoa, que ele, na verdade, falava o que pensava e era honesto. Você não precisa ser objetiva. Só se lembre de como cada relação foi para você.

A última coluna serve para você anotar como cada homem fazia você se sentir consigo mesma. Sexy, segura e radiante ou talvez insignificante, estúpida e triste? Provavelmente haja memórias de sentimentos tanto bons quanto ruins. Então anote todos eles agora para podermos dar uma boa olhada na situação.

Observe as últimas duas colunas – as características que você destestava em seus ex-namorados e o modo como es-

> Assim como seus modelos de relacionamento a afetaram quando criança, eles também lhe ensinaram como se comportar sozinha e perante os outros.

ses homens a faziam se sentir. Há itens diferentes surgindo a todo momento ou as anotações são parecidas o suficiente para começarmos a perceber um padrão?

Você percebe algo em seu histórico que faz parecer que você estava pondo em prática o que acha que sabe sobre relacionamentos, tentando reviver sentimentos familiares ou repetir o passado na esperança de consertá-lo?

Você tem saudades de casa?

Não importa de que forma você cresceu, todos os relacionamentos adultos ao seu redor representaram, para você, modelos que afetaram o modo como você vê o amor.

Talvez sua mãe tenha trazido para casa uma série de "pais" ausentes. E você percebeu que não podemos acreditar que os homens ficam muito tempo por perto. Ou talvez seus pais fossem grudados como chiclete, odiando um ao outro e se odiando por não ter a coragem para se separar ou mudar as coisas. A garotinha que assistia aos dois captou, então, a mensagem que diz que raiva, ressentimento e impotência farão sempre parte do pacote.

Algumas pessoas têm pais como os da Shirley. Um dia, ela ouviu sem querer sua mãe acusar seu pai de ter um caso, o que explica por que ela achou umas camisinhas no carro do pai enquanto procurava por chiclete. Depois disso, ela sempre sabia quando o pai estava dando suas escapadas novamente: era só procurar camisinhas no carro dele. Mas ela nunca disse nada com medo de que ele ficasse bravo ou parasse de amá-la também.

Shirley tem quase trinta anos agora, e seus namorados sempre a decepcionam no final. Normalmente, ela descobre que eles são ou o Homem Casado ou simplesmente o Homem Não Confiável.

Claro que pode ser que você não esteja inconscientemente procurando por alguém como o seu pai, como a Shirley. Em vez disso, talvez você esteja tentando sê-lo. Quando o pai de Azmina fugiu de casa, a mãe dela ficou arrasada, então Azmina assumiu o papel de adulta e foi aí que ela aprendeu que as emoções são muito perigosas. Como resultado, ela nunca arrisca seu coração e vive de um Homem Carente ao outro: garantia de que ela terá companhia enquanto suportá-los.

Há também o caso de Katie, com seu vício por viagens românticas. Enquanto ela está em algum lugar exótico com seu parceiro, ele é ótimo, mas na vida real eles parecem tão escamosos quanto seu peixinho de estimação. Ela procura por paixões, e não por comprometimentos – assim como a mãe.

> É hora de encarar algumas verdades sobre a vida em sua casa e expulsar alguns velhos hábitos se você quiser ter mais sorte com os homens.

Procurando por pistas

Nem todas nós temos histórias tão obviamente tristes como Jane, Shirley, Azmina ou Katie (embora você certamente deva conhecer alguém que tenha). No entanto, isso não quer dizer que nossos passados não estejam nos atrapalhando de alguma forma.

Talvez você tenha sido a filha do meio que se sentiu ignorada e, portanto, não espera que os homens lhe deem mais atenção agora – principalmente porque você sabe que ainda é a mesma garotinha por dentro. É aí que entra o Homem Indisponível para satisfazer suas tendências de menina carente.

Ou então seus pais não souberam como demonstrar o amor deles por você. O que aconteceu daquela vez que você caiu ou quando alguma coisa a assustava? Eles faziam carinho ou mandavam você parar de ser tão criança? Tente não culpá-los se eles se comportavam do último modo, os pais deles certamente fizeram o mesmo com eles. Entretanto, pode ser que agora você encontre dificuldades para demonstrar qualquer sinal de fraqueza, não importa o quanto você esteja angustiada. E ser uma mãe para o Homem Carente talvez seja sua forma de tentar consertar o passado sem mesmo você perceber – você dará a ele o amor que queria para você.

E quando você conquistava algo de que realmente se orgulhava? A sua família comemorava com você ou dizia que você estava sendo prepotente e convencida? Se eles não a apoiavam, a sua frágil e jovem autoestima pode

> Se você não se sentiu valorizada quando criança, pode ser que agora procure por um Bad Boy. Mas se você conseguir se tornar melhor, pode ser que ele se dedique mais ao relacionamento, não é?

ter sido abalada de um modo de que nunca foi possível se recuperar.

Outros planos

Agora vamos olhar para outras bagagens empoeiradas do seu porão psicológico. Aquelas rotuladas "escola", "faculdade", "amizades", "primeiro amor" e assim por diante.

Se havia encrenqueiros em seu bairro e o único modo de conviver com isso era se enfiando em um buraco, pode ser que você prefira não se impor ou se defender. O Homem Controlador pode, então, parecer o cara perfeito. Ou o Homem-ação ou qualquer outro que precise de você como um apêndice, e não como companheira.

> Se sua primeira experiência amorosa foi mais como uma "decepção devastadora" do que como um "sonho adolescente", é provável que você tenha mantido seu coração fechado desde então para protegê-lo.

Pense também em como as coisas eram para você na escola. As pessoas a tratavam de um jeito diferente por causa da cor da sua pele, pelo jeito como você falava ou se vestia, ou porque você era muito estudiosa? Se sim, então provavelmente você ainda nem consiga acreditar que o Bad Boy realmente a escolheu – e também não vai se surpreender se ele a deixar, porque você acredita que é o que você merece.

E quanto ao seu primeiro emprego? Você era bem--tratada e estimulada a ser bem-sucedida ou seu chefe

> Como outras pessoas nos fazem sentir causa um grande impacto em como nós nos vemos.

era invejoso e insuportável, esperando constantemente que você cometesse um erro para poder humilhá-la em público?

Como foi seu primeiro amor? Tudo parecia perfeito até que ele a deixou repentinamente? Desde então você evita se abrir para novos relacionamentos? Não importa o que o torne indisponível – sua falta de sentimentos, seu vício por sexo ou o anel em seu dedo –, contanto que você nunca possa tê-lo, bem lá no fundo você sabe que está a salvo.

Tudo muda

Começar a agir com os olhos bem abertos e a consciência totalmente alerta é um grande passo. Aumentar sua autoestima e assumir o controle de sua vida – você é capaz disso.

Agora que você teve a oportunidade de pensar um pouco sobre seu plano de vida, dê mais uma olhada no exercício sobre seu histórico amoroso (nas páginas 35 e 36). Pense particularmente nos sentimentos anotados na última coluna: você também se sentiu dessa maneira em outras épocas de sua vida? Se a resposta for afirmativa, o que foi que despertou esses sentimentos?

> Quanto mais rápido anda o trio elétrico, mais nos seguramos na corda. Mas mudar exige a coragem de se soltar.

> Temos dentro de nós a força para sermos a pessoa que sempre quisemos ser e viver como gostaríamos de viver. Então o que nos impede?

Você poderia achar que deveríamos correr o mais rápido possível para longe dos sentimentos que fizeram nos sentir mal. Mas às vezes são os sentimentos familiares que procuramos inconscientemente. Por quê?

É bem simples: seres humanos não são muito bons com mudanças. Preferimos saber onde estamos pisando e manter uma rotina tranquila.

As coisas familiares nos ajudam a nos sentir seguras.

Temos toda a habilidade para mudar e nos adaptar, para aprender com o passado e seguir em frente. E isso, no fim, é sobre o que fala este livro.

Mas precisamos de muita coragem e ajuda. Tanta coisa à nossa volta muda todos os dias, não é nenhuma surpresa quando, às vezes, estamos muito cansadas para mudar de vida. Quando foi a última vez que você mudou o corte de cabelo, por exemplo? Você sempre vai direto no jeans quando escolhe suas calças?

Procurar pelo familiar é nosso jeito de sentir que ainda temos algum controle quando é óbvio que muito do que acontece em nossas vidas está muito além do nosso controle. Não há dúvida de que desprender-se requer muita coragem, mas você não conseguirá mudar se não tentar.

De olho na autoestima

No centro de qualquer relacionamento saudável está uma autoestima saudável, e ela depende de tudo aquilo que você identificou como consequência do seu passado.

Dê uma olhada na lista a seguir para ver quanto o copo da sua autoestima está cheio. Ele está cheio de água gelada ou já evaporou faz tempo?

Se sua reserva de autoestima está chegando ao fim, pode ser que você sinta que todas as outras pessoas são mais bonitas, mais sexy ou mais inteligentes que você; que todo mundo tem relacionamentos mais fáceis e melhores que os seus; e que você merece a vida que leva.

São muitos os dias em que você preferiria ficar em casa de pijama a ter de passar horas se arrumando, mas não o faz porque acha que se ele conhecer sua versão descabelada, cheia de espinhas e mal-humorada, vai sair correndo mais rápido do que você consegue dizer *Bridget Jones*.

> Se você não se aceitar e se amar, no fundo não aceitará que outros a aceitem ou a amem também.

Mas o que é estranho é que a vida sempre caminha ao encontro das nossas expectativas. Portanto, se sua autoestima é baixa e você não consegue ver por que algum cara iria querer perder seu tempo com você, então provavelmente nenhum homem vá querer fazer isso mesmo.

QUIZ

Quem ama você, querida?

Para cada questão, responda "regularmente", "às vezes" ou "nunca".

- Se algo dá errado, você presume que a culpa seja sua?
- Você espera pelo dia em que as pessoas descobrirão que você é uma péssima profissional?
- Você checa seu peso constantemente e sabe que a vida seria melhor se fosse mais magra?
- Você dificilmente acredita que algum elogio que lhe é feito seja sincero?
- Você tem problemas em dizer "não" para as pessoas?
- É mais difícil ainda pedir que alguém lhe faça algum favor?
- Você se exalta exageradamente quando acontece qualquer pequeno imprevisto?
- Você sente que não tem controle nenhum sobre sua vida?
- Você sente que tem de se esforçar muito para que as pessoas gostem de você?
- Você cede facilmente para evitar discussões?
- Você tem dificuldades para expressar seus sentimentos?

- Você acredita que felicidade seja algo a ser conquistado mais do que merecido?

Qual a sua pontuação?

Todos nós temos inseguranças. Isso é normal. Mas precisamos manter certo equilíbrio.

Maioria "regularmente" quer dizer que o copo de sua autoestima está bem pior que só "meio vazio". Você precisa pensar em como tornar seu "regularmente" um "às vezes". Leia o próximo capítulo para ter algumas ideias.

Maioria "às vezes" quer dizer que você está quase lá. Mas preste atenção nas áreas em que você se sente insegura sobre si mesma e pense em como começar a transformar "às vezes" em "raramente".

Maioria "nunca". Hmm. Esse pode ser um bom sinal, mas você está 100% certa de que não seria você a Mulher Indisponível, Não Confiável, Controladora ou qualquer um dos outros tipos que mencionamos anteriormente?

> Se sua autoestima é baixa, é provável que você se sinta culpada quando faz um agrado a si mesma.

Ótimas expectativas

É fato comprovado que nenhum relacionamento pode proporcionar tudo o que você deseja, precisa e sonha ter. Então tenha cuidado para não criar expectativas muito altas na sua procura pelo Homem Certo. Afinal, ele será o Homem Certo, não o Homem Perfeito. E, principalmente, não desista de suas amigas nem as menospreze enquanto procurar por ele.

Expectativas são mais um entulho que você precisa tirar do seu porão. Pode ser que você as tenha formado juntamente com todas as outras coisas citadas ou que sejam aquisições mais recentes – de filmes a que você assistiu, de livros que leu ou de toda a deliciosa conversa conspiratória entre você e suas amigas sobre suas vidas amorosas. Seja como for, é melhor jogá-las logo na lata de lixo, porque claramente elas estão atrapalhando você.

Dez erros que todas nós sempre cometemos

1	Misturamos euforia com amor.	Esse frio na sua barriga não é amor. É adrenalina. É importante aproveitar tanto a caça quanto a presa.
2	Igualamos o amor ao ápice de uma ópera.	O amor é mais como uma música que você já ouviu umas mil vezes e de repente descobre que adora.
3	Achamos que só existe uma tampa para a nossa panela.	Todas as suas amizades foram feitas aos três anos de idade? A vida segue em frente, e você também deveria seguir.
4	Confundimos sexo bom com laços fortes.	Algumas vezes eles andam juntos, mas outras não. Quando vocês não estão na cama, ainda têm algum assunto para conversar?
5	Colocamos os homens em pedestais.	Seu homem tem tantos defeitos e fobias quanto você; você enxergaria isso se não estivesse cega de amor.

6	Damos ouvidos aos Beatles: "Tudo o que você precisa é de amor".	Você também precisa de amigos fiéis e da sua família, de um emprego decente, de uma renda, de uma casa e de pessoas que a entendam e valorizem.
7	Depois de toda briga achamos que o namoro acabou.	Não há nada de errado em discordar, contanto que cada um respeite o ponto de vista do outro.
8	Julgamos o relacionamento pelo último encontro.	Então todo o resto que foi compartilhado não conta? Com certeza seu relacionamento vale mais que isso.
9	Acreditamos que a pessoa certa mudará nossa vida.	Lembre-se de que quem tenta salvar alguém que está se afogando normalmente é puxado para baixo também. Você precisa de um companheiro, não de uma âncora.
10	Achamos que o Homem Errado é "o cara".	Ele não é. Ele a faz infeliz e está impedindo que você encontre o Homem Certo.

Se você não acredita nos efeitos negativos que alguns de seus filmes e livros favoritos podem causar em seus níveis de expectativa, tente pensar em quantas vezes você já viu mulheres se apaixonarem perdidamente por manés. Os maiores são aqueles que morrem antes de sequer ter a chance de viver um relacionamento de verdade, como em *Entre dois amores* ou *Titanic*.

E quanto à freira cantarolante de *A noviça rebelde*: o que devemos pensar de sua

> Dê mais uma olhada em sua lista de namorados manés e aplique o teste dos dez erros neles. Quantas vezes você esteve com o Homem Errado pelos motivos errados?

vida amorosa? Ela se apaixona pelo Homem Sinto-Muito, Barão-Quase-Casado, Controlador e Indisponível, tudo em um só. Esse homem é esnobe, horrível com as crianças, não dá ouvidos a ninguém e tem um mau temperamento.

Ainda assim, igualzinho à Cinderela, nossa freira fica com ele no final – e nós ficamos tão fascinadas com sua gratidão, sua fuga dos nazistas e com os maravilhosos cenário e música que mesmo contra todas as evidências acreditamos que eles viverão felizes para sempre. Os filmes são mesmo terrivelmente responsáveis por muitas das nossas expectativas.

Mas não se preocupe, a boa notícia é que a vida não é como nos filmes. Diferentemente de nossos heróis e heroínas de cinema, normalmente temos anos – e não horas – para nos resolver. Então, deveríamos usar nosso tempo sabiamente e adquirir uma compreensão suficientemente profunda de nós mesmas que nos permita identificar quando o piloto automático está acionado, quando estamos agindo mais com o inconsciente do que de acordo com nossos sentimentos conscientes. É bom seguir o coração de vez em quando, mas ser toda coração e nada cérebro é uma combinação perigosa quando se trata de tirar o mané da sua vida para achar o Homem Certo. Quanto mais suas escolhas forem conscientes, menos você estará suscetível a todas as influências que observamos neste capítulo.

Assuma o controle!

3 Então é hora de assumir o controle. Isso significa controlar sua própria vida, e não a dele, porque só ele pode fazer algo para mudar a si mesmo.

Não importa quanto tempo, paciência e lágrimas você está disposta a gastar tentando mudá-lo, vai ser um doloroso desperdício. A menos que ele esteja cansado de ser o Homem Carente, Não Confiável, Malvado ou Triste. Em outras palavras, ele tem de querer ler este livro também e entender o que precisa fazer para mudar.

Então, o que está segurando você?

Como vimos no capítulo anterior, quanto mais você entender a si mesma, mais será capaz de assumir o controle e mudar de vida. Mas talvez você esteja presa ao estágio "sei-o-que-devo-fazer-mas-não-quero". É quase como comer um prato de espinafre: sua cabeça e seu coração estão em guerra. Este capítulo é sobre mudar sua mentalidade e alinhar sua cabeça com o seu coração.

Debbie ficou com Mike por quase quinze anos e durante catorze deles ela falava para quem quisesse ouvir que tinha de deixá-lo. Não que ela não tenha tentado se afastar. Ela chegou até mesmo ao ponto de se casar com outro (uma estratégia não muito recomendada). Na manhã de seu casamento, Mike mandou um enorme buquê com um bilhete jurando que ela era a única mulher para ele, e que ele a amaria para sempre. Mesmo se o casamento da Debbie não tivesse sido concebido desesperadamente, ele sempre estaria ameaçado depois disso.

É claro que o Sr. Substituto da Debbie deu o fora rapidamente, e ela voltou para os braços de Mike. Durante a década e meia verdadeiramente sombria que passaram juntos, Debbie perdooou até o fato de Mike tê-la deixado quando seu pai estava morrendo. Ele viajou com sua ex-mulher para ver uns amigos e passou cinco dias sem ligar. Aparentemente não havia nenhum telefone na cidade onde eles estavam.

Ela aprendeu a conviver com a enorme lista de mulheres que ele mantinha na agenda do e-mail e com todas as vezes que alguém telefonava e desligava ao ouvir a voz dela. Ela tolerava a necessidade do Homem Controlador de se meter em tudo na sua vida e já não reclamava mais (para ele) do fato de que ela podia contar nos dedos as vezes que foi à casa dele (em quinze anos!) e de que nunca conheceu seus amigos, colegas ou os seus filhos crescidos.

Diante de cada deslize, da menor dúvida quanto à hosnestidade de seu homem, Debbie se lembrava do quanto Mike era engraçado, charmoso, sexy e original – e se apegava à crença de que algum dia conseguiria mudá-lo.

> Nem com todo o empenho e planejamento do mundo é provável que você consiga um dia transformar o Homem Errado no Homem Certo.

Qual a sua desculpa?

Então, a história da Debbie mexeu com algum de seus nervos? Se por um lado há dias em que nos sentimos desesperadas e determinadas o suficiente para declarar que vamos nos separar de um mané, por outro há dias em que conseguimos nos convencer de que tudo ficará bem.

Parte do problema é que, para conseguirmos manter um relacionamento, nos tornamos especialistas em enganar o próximo e enganar nós mesmas sobre como nos sentimos de fato. Dar desculpas de por que não o deixamos é uma consequência disso.

Mas, na verdade, se seu relacionamento faz você se sentir tudo, menos feliz e satisfeita, é porque está abalado e precisa muito ser consertado. Manés serão manés porque os deixamos ser. Pense em como você se sentiu quando

> A única pessoa que pode fazer algo sobre seu relacionamento é você mesma.

começou a se apaixonar por ele – otimista, feliz e despreocupada – e em como se sente agora – para baixo, controlada, insegura e completamente infeliz. É doloroso reconhecer, às vezes, mas é preciso admitir quando não dá mais certo. Você deve tentar viver a vida do seu jeito, e não do dele.

Observe a lista nas páginas seguintes e descubra se você caiu em armadilhas. Quase todas elas dizem mais sobre você do que sobre o cara com quem você está. Pergunte-se se alguma delas se encaixa no que agora você sabe serem suas motivações.

Você acredita que um péssimo relacionamento é melhor que nenhum relacionamento

Então você tem medo de ficar sozinha? Mas você não fica mais solitária namorando seu mané?

Você tem medo do que possa acontecer se você terminar com seu Homem Carente

Eventualmente você vai deixá-lo, mesmo se levar décadas para isso acontecer, como no caso da Debbie. Você não pode se responsabilizar por como ele reagirá, mas pode e deve ser responsável por ser honesta ao lidar com ele.

> Pense sobre o que você realmente quer.

Você está em uma missão de resgate

Há inúmeras outras pessoas mais merecedoras de sua caridade que o Homem Não Confiável. Onde está o respeito próprio dele? Você gostaria de ser o objeto de caridade de outra pessoa?

Você tem medo da intimidade, e o Homem Indisponível não questiona isso

É mesmo assustador aproximar-se de alguém e deixar que essa pessoa se aproxime de você, e o pior que pode acontecer quando você deixa o amor entrar em sua vida é sofrer uma desilusão. E, se não se desiludir, então pode acontecer pior ainda: pode ser que você nunca nem mesmo conheça o que é amar e ser amada.

Ele é um namorado troféu que causa uma boa impressão

Ele é um Bad Boy que se comporta como um porco, mas pelo menos é um porco rico com um lindo carro. Você lhe daria alguma atenção se ele fosse um porco sem um centavo no bolso? Por que não concentrar sua energia em ficar rica o suficiente para comprar seu próprio carro?

Você está na zona de conforto

Você está com ele porque é ótimo ter alguém além de você mesma para culpar por tudo que dá errado em sua vida? Claro, isso lhe poupa de assumir a responsabilidade por sua própria felicidade. Ai!

Você se rebela por meio dele

Usá-lo para conseguir provar algo exige muito, tanto dele quanto de você. Afirme-se sendo feliz. Tenha certeza de que a satisfação será muito maior.

Você gosta da atenção que seus amigos dão para o seu "problema"

Você acha que precisa se rebaixar tanto a ponto de precisar de um problema para que seus amigos a achem interessante – igual a quando você era criança e gostava de ficar doente por causa de toda a atenção que recebia.

> Você deve ser honesta com vocês dois sobre por que está nesse relacionamento.

Você se sente presa

São muitos anos juntos para se esquecer: assim como saliva, vocês dividiram mobília, panelas, álbuns de fotos, amigos e muitas memórias. É muita coisa para sequer se pensar.

Admitindo seus medos

Vamos falar sobre como terminar de vez um relacionamento no próximo capítulo. Tudo o que você precisa fazer agora é respirar fundo e se acalmar pensando em quantas pessoas você conhece conseguiram sair de

> Adiar o inevitável não o torna menos doloroso. Só piora bastante as coisas. Todos merecem, inclusive você, a sua sinceridade.

uma situação difícil – e algumas delas só depois de quase uma vida inteira.

Deixar para trás o seu hábito de sempre fracassar pode parecer bem assustador, especialmente no momento em que você se encontra agora. Mas a opção de continuar com o Homem Errado não é ainda mais assustadora?

Por exemplo, quando Glenda se casou pela segunda vez, lágrimas rolaram pelo seu rosto conforme ela declarava seus votos. Tanto ela como Jimmy haviam deixado seus parceiros e sofreram muito até chegarem aonde estavam.

O problema é que Glenda não chorava de felicidade. Cinco anos mais tarde, quando ela se separou de Jimmy, ela admitiu que chorava porque já sabia que estava fazendo a coisa errada. Jimmy foi seu step, ele trouxe toda a adrenalina de um amor ilícito para sua vida, além de ter sido uma rota de fuga do péssimo casamento que ela vivia.

Ela confundiu amor com excitação, mas sabendo o quanto eles tiveram de se arriscar para estarem juntos, quanta dor eles sofreram e infligiram, ela não teve coragem de dizer "Não". O que gerou mais dor, amargura e dinheiro, na forma de um segundo divórcio.

O milionário

Pense agora em suas atitudes durante seus relacionamentos anteriores (p. 35-36) e anote ao lado do nome de cada ex qual foi o momento em que, ao longo do namoro, soube que ele não era a pessoa certa para você. Depois, anote quanto tempo levou a fase do nervosismo de tomar a decisão até que você finalmente resolveu realizar a proeza.

> **Acredite se quiser, não é obrigatório para as mulheres sempre terminarem com manés, então, não perca a esperança.**

Conte os meses, ou anos, se for o seu caso. Quanto tempo e energia você perdeu sonhando quando podia ter feito algo de mais compensador com sua vida? O suficiente para ter escrito aquele livro que você sempre quis? Planejado e construído sua casa? Aprendido a falar outras línguas? Tido um delicioso relacionamento com um homem que fizesse você sentir que vale ouro?

Com sorte, você observou casais que a inspiraram, se não dentro de suas próprias amizades, na mídia. E não apenas olhe para esses exemplos, siga-os! Você já sabe o que procura em um relacionamento: reveja a coluna do seu histórico amoroso (p. 35-36), onde você anotou o que gostava mais em cada ex-namorado. Há qualidades que apareceram várias vezes? Esses são os elementos que você julga essenciais?

> **Não existe o Homem Perfeito, mas existe um homem perfeito para você.**

Se sim, você tem em mãos o rascunho para o seu mapa a caminho de um relacionamento bem-sucedido, então, chega de criar desculpas.

Denominadores comuns

Sua lista de desejos amorosos não se parece com a de nenhuma outra porque – felizmente – somos todas diferentes. Se não fôssemos, não haveria razão para procurarmos pelo Homem Certo. Toda a competição já o teria transformado em Bad Boy.

Mas há denominadores comuns – as bases sólidas de todo relacionamento – que valem a pena ser sempre lembrados.

Apoio: um valoriza o outro e se preocupa profundamente com o bem-estar e a felicidade do parceiro. Ambos estão dispostos a trabalhar para fazer o outro feliz.

Honestidade: vocês têm liberdade para serem vocês mesmos e demonstrarem seus pontos fracos porque sabem que o outro não tirará proveito disso.

Crescimento: vocês sabem que têm suas particularidades, mas o amor e o respeito que compartilham trazem à tona o melhor de cada um. São capazes de apreciar a si próprios ainda mais do que fora do relacionamento. Ao mesmo tempo, ambos permitem que o outro tenha espaço e liberdade para evoluir.

Igualdade: vocês podem ser pessoas diferentes e trazer coisas diferentes para o relacionamento, mas há uma absoluta igualdade de confiança, cuidado, partilha, respeito e carinho.

Parece óbvio, mas vale a pena se perguntar se você gosta mesmo de seu parceiro. Não ama ou deseja, mas gosta. O suficiente para ser amiga dele se vocês não namorassem? Se a resposta não for um sim convicto, se você nunca escolheria ter um amigo como ele ou se odiaria ter um filho que fosse como ele, então você está com a pessoa errada.

PARA TODO O SEMPRE?

Um comentário sobre a ausência do "para todo o sempre" na lista de coisas essenciais. Permitir que o outro preserve sua individualidade significa correr o risco de que cresçam em direções diferentes. Se às vezes vocês não conseguem entrar em acordo quanto às mudanças, têm de simplesmente permitir que o outro siga seu caminho. Não deixe que o medo de que não seja "até que a morte os separe" a impeça de se arriscar com o Homem Certo bem aqui e agora.

Apostando no amor

Como o homem com quem você está se relacionando no momento pode ser classificado? Ele tem as qualidades que você aprecia em um homem (veja a lista de "pontos positivos" nas páginas 35-36)? Ou você teve de abrir mão de tudo o que queria de um relacionamento? Você tem a liberdade de ser você mesma quando está com ele?

Se o seu coração ainda não está muito certo de que ele seja a pessoa certa para você, tente pesar os valores a seguir para decidir certeiramente se ele vale ouro ou se está simplesmente drenando toda a sua vitalidade. A vida seria mais valiosa sem ele por perto?

Confira o saldo emocional dele

Para este exercício, é preciso que você faça uma cópia do quadro a seguir (sem preenchê-lo) e deixe-o em seu criado-mudo, ao lado da cama. Todas as noites, antes de apagar as luzes, reflita sobre quanto seu homem ganhou de crédito e quanto gastou durante o dia. Para cada item, escolha um valor entre R$1,00 e R$10,00, dependendo de quanto cada experiência valeu. Crédito é bom e débito é ruim com um R maiúsculo (de roubo).

Faça essa análise por uma semana e depois some o total. Se o saldo de seu homem deu negativo ou ficou bem próximo disso, encerre essa conta imediatamente.

> Lembre-se: parceiros precisam "investir" igualmente em um relacionamento para que este seja emocionalmente viável.

Qual o valor de seu homem?

É conveniente manter um registro escrito de quanto seu homem investe em seu relacionamento.

Data	Item	Crédito	Débito
Segunda-feira	Percebeu meu novo corte de cabelo. Não disse que gostou.	R$2,00	R$5,00
Terça-feira	Cancelou o jantar porque tinha de trabalhar até tarde. Apareceu em casa de madrugada, bêbado, querendo transar, vomitou e dormiu.		R$7,00 R$9,00
Quarta-feira	Limpou o carpete onde vomitou ontem. Mandou flores e sinceras desculpas. Estava com uma ressaca tão grande que não pôde se encontrar comigo (e eu nem queria mesmo!).	R$3,00 R$4,00	R$2,00

Quinta--feira	Me fez ficar acordada quase a noite inteira, reclamando do chefe dele, mesmo sabendo que eu tinha de acordar cedo no outro dia para fazer uma entrevista de emprego.		R$4,00
	Me acordou às quatro da manhã dizendo que talvez sexo o ajudasse a dormir.		R$6,00
Sexta--feira	Lembrou-se de mandar uma mensagem perguntando como foi a entrevista.	R$4,00	
	Cruzamos com seu colega de trabalho. Ele só conseguia perguntar "O que você faz aqui?".		R$10,00
	Brigamos feio pelo telefone – aparentemente sou possessiva.		R$10,00
	Totais	R$ 13,00	R$ 53,00
			-R$ 40,00

Melhor assim?

Velhos hábitos são difíceis de desaparecer – junto com a força de vontade de erguer a cabeça e seguir em frente. Então, se você ainda tem dúvidas quanto a pôr um fim ou não em seu relacionamento, pense seriamente sobre qual o efeito que essa relação surte em você. Você gosta de quem é quando está com ele?

Você já teve de mudar o que come, veste ou faz para agradá-lo? Pode ver quem quiser, quando quiser? Consegue expressar sua opinião sem medo? Tem de ficar escondendo os atos dele de sua família e de seus amigos? Com qual frequência muda seus conceitos sobre o que é aceitável para você por causa dele? Mais vezes do que acha que deveria?

Você passa várias horas frustrantes reclamando, falando dele ou pensando nele? Bem lá no fundo, você se enxerga como parceira e amante dele – ou você é mais como sua mãe, empregada, terapeuta, fã, bode expiatório, saco de pancadas, fonte de energia, acessório ou brinquedo sexual?

Lembre-se de que em vez de ficar presa em uma rotina com alguém que nunca está disponível quando você precisa de verdade, alguém que comprova que só entraram manés em sua vida, que faz você se prender ao passado por medo, você poderia estar com alguém cujo amor te ajudasse ser honesta e feliz – te ajudasse a ser você mesma, mas melhor. E esse é um pensamento realmente poderoso. Então, o que a impede?

> Uma das maiores declarações é ser amada, valorizada e respeitada por quem você é – e não por quem ele quer que você seja.

Jogando limpo!

4 Quando se trata de deixar um mané, os bombeiros têm razão. Não apenas cambaleie em meio à fumaça na esperança de achar a saída. Pense adiante e planeje sua rota de fuga bem detalhadamente.

Conhecer sua saída estratégica é como fazer um seguro contra os vários truques que os homens podem aplicar para tentar segurar você em um relacionamento. Se você conhecer bem o que dizem as letrinhas pequenas do contrato, será menos provável que ele consiga manipulá-la para mudar de ideia no último minuto.

Terminar nunca é fácil

Terminar um relacionamento é sempre muito difícil. Mas quando se trata de terminar com um homem que se encaixa na categoria "mané", é sempre possível que você se depare com todos os tipos de obstáculos extras. Saber disso e se preparar previamente pode lhe ajudar a superar as dificuldades mais prováveis (veja a seguir).

> Ele pode ser um mané, mas vai tentar persuadi-la a pensar como ele.

Por exemplo:

- O Homem Controlador simplesmente não está acostumado com ninguém além dele dando as coordenadas. Então ele vai fazer tudo o que pode para colocá-la onde ele acha que você deve estar: na palma de sua mão.

- Dizer as palavras "quero terminar" é como transformar em um piscar de olhos o Homem Indisponível no Homem Todo Seu. De repente, ele vai se focar 100% em quanto você deve estar sofrendo – mas isso só até a próxima vez em que você precisar dele, claro.

- O Bad Boy pode olhar para você com desdém como quem diz "vem fácil, vai fácil", mas pode ter certeza de que essa não será a última vez que você o verá. Ele precisa se certificar de que não perdeu o jeito para a coisa, então espere por vários "telefonemas descompromissados" sugerindo que vocês se vejam para relembrar os velhos tempos.

- Já que o Viciado em Sexo expressa seus sentimentos por meio do sexo, ele vai querer lhe mostrar o quanto está chateado do único jeito que sabe.

> Não importa o quanto você esteja infeliz em seu relacionamento, vai ser preciso muita coragem para segurar as rédeas e terminar. Afinal, você investiu muito tempo, energia e amor nele.

- O Homem Não Confiável normalmente quer ir para o colo da mãe dele quando algo dá errado. Ah não, espera – ele acha que você é ela!

- Veja só o Homem Carente se derreter em uma poça de desespero quando você resolver deixá-lo. Ele quer que você sinta tanta pena dele que se esqueça de romper o namoro enquanto procura desesperadamente pelo lencinho para enxugar suas lágrimas.

- Quanto ao Homem Casado: como você ousa? É ele quem escolhe quando terminar, assim como ele diz que vai fazer com a mulher dele desde o dia em que vocês se conheceram.

O lugar é tudo

Evite agir no impulso quanto a onde vai terminar com ele, do contrário, pode acontecer com você o mesmo que aconteceu com a Sally, que resolveu terminar com seu Homem Indisponível dois dias após terem chegado a uma ilha paradisíaca onde foram passar suas primeiras férias juntos. Tendo gastado tanto dinheiro com suas férias dos sonhos, nenhum deles conseguiu relaxar depois que terminaram. Os doze dias seguintes foram uma combinação de sol, areia, mar, nenhum sexo e muito mau humor.

A primeira regra é escolher um terreno neutro que não possa se tornar uma cilada. Se ele estiver em sua casa quando você trouxer as boas-novas, ele pode metê-los em uma discussão interminável de por que você não deve terminar – a menos, é claro, que você seja uma hábil lutadora faixa preta ou esteja disposta a abandonar sua própria casa!

A casa dele deve estar fora de questão também, principalmente se vocês passaram por bons momentos lá. Antes que você perceba, pode se encontrar sentada na cama dele, relembrando os bons momentos e tentando fazê-lo se sentir melhor... e todas sabemos o que vem a seguir.

Um lugar público com cantinhos mais privados, como o parque ou uma cafeteria, é sua melhor escolha. Ali não há nenhuma história conjunta que irá distrai-la, e é um local seguro o suficiente para prevenir que você fique em uma situação desagradável (espera-se), com várias rotas de fuga óbvias – de forma que a deixe completamente no controle da situação.

Se você preferir um bar ou restaurante, não fique tentada a pedir um drinque para ajudá-la a criar coragem ou para ter com o que ocupar suas mãos trêmulas. Não há maneira mais rápida de embaralhar suas ideias tão convictas – bem como seu vocabulário. Não se esqueça dos efeitos que o vinho e outras bebidas têm sobre as emoções, estimulando e potencializando-as bem no momento em que você mais precisará ter mão firme para continuar no controle da situação. Em vez disso, peça um suco de laranja ou um café – alternativas muito menos arriscadas.

> Tente não se prolongar quando citar os bons momentos que passaram juntos quando for terminar, isso pode enfraquecer sua convicção.

Não existe um bom momento

Planejar sua saída significa que você não deve esperar demais para agir, até aquele momento em que você se vê desabafando descontroladamente sobre o quanto não aguenta mais passar nem um segundo perto dele bem no meio do casamento de alguma amiga sua (porque isso arruinará tanto o dia dele quanto o dela).

Isso também não significa acabar com suas perspectivas profissionais, como no caso de Petra. Quando a frustração com seu amante Homem Casado (que era também seu supervisor) ficou fora de controle, ela mandou um e-mail sem restrição de pudores dizendo por que já não dava mais – e acabou mandando a mensagem para todo o departamento de ge-

> Fique atenta aos perigos de planejar demais sua saída, até o ponto em que você acaba não terminando nem de um jeito nem de outro.

rência sênior ao apertar acidentalmente o botão "responder a todos".

Mas planejamento não significa também procurar razões sem fim para adiar por mais algumas semanas. Por exemplo, se você se pega decidindo que deve esperar mais um pouco para evitar terminar o namoro em uma época em que o amor é tudo no que as pessoas conseguem pensar – como no dia dos namorados –, suspeite de seus próprios motivos. Demorar para dar as más notícias – seja quão complacentes seus motivos lhe parecerem – traz o risco de enfraquecer suas convicções, aquelas que deveriam impulsionar você para seu futuro.

Prazos artificiais

Quanto a consumar o ato, é uma boa ideia estabelecer um limite de tempo se você acha que ele pode tentar enrolar você. Combine um horário com suas amigas e peça para elas ligarem dizendo que seu cachorro teve um ataque do coração e que você precisa partir imediatamente; ou tenha essa conversa com ele durante o horário do almoço, porque nesse caso não só você terá uma desculpa para sair como também terá o bônus de não precisar voltar para seu apartamento vazio. Basicamente, faça o que for preciso para evitar aquelas situações dramáticas em que você acaba passando horas tentando se justificar e convencê-lo de que é a melhor coisa a fazer para ambos.

> Terminar é sempre doloroso, não importa quando cheguem as más notícias.

É improvável que tais "discussões" levem a algum resultado produtivo.

Preparando o roteiro

É uma boa ideia preparar o modo como você anuciará sua decisão para ele – o que exatamente você dirá? Não importa o quanto você acha que ele é um mané, ele terá suas razões para querer continuar com você e tentar mudar sua cabeça.

> Tente ao máximo não deixá-lo atirar incerteza para cima de seu exército.

É provável que ele reaja tentando:

- Dissecar seus motivos.
- Convencê-la de que entendeu tudo errado.
- Insistir que você é tão culpada quanto ele.
- Jurar que seria melhor se vocês tentassem mais uma vez.

Se você já tem certeza do que vai dizer, é menos provável que se perca em meio a explicações, justificativas, remorso ou qualquer outro beco sem saída que possa afastá-la do curto e direto.

A lista de coisas a "Fazer" ou "Não fazer" (veja nas páginas 70 e 71) deve ajudar você a traçar seu "roteiro" ou, pelo menos, a fazer um rascunho dele.

> **OLHOS NOS OLHOS?**
>
> Pense seriamente se você se sente apta ao desafio de terminar com seu parceiro pessoalmente, principalmente se esta não é a primeira vez que você tenta terminar com ele. É claro que o encontro face a face é mais honesto, mas se você não está certa de que conseguirá seguir até o fim e lidar com essa responsabilidade – ou se um dos maiores problemas do relacionamento tem sido a habilidade que ele tem de manipulá-la – então se dê a permissão de mandar um e-mail ou uma mensagem para ele.

Escrevendo o roteiro certo

- Mantenha SIM o foco em si mesma. Se você der ênfase ao que sente em vez de ficar acusando-o das coisas que fez (ou que não fez), a chance de ele desafiá-la será menor. Por exemplo, prefira dizer que "se sente frustrada por não poder contar com ele sempre" a dizer "Você nunca se dispôs a fazer as coisas por mim."

> Se a única forma de você conseguir um dia terminar é a distância, vá em frente. É melhor do que não fazer nada.

- Seja SIM honesta, firme, jogue limpo. É tentador mentir gentilmente na tentativa de fazer ambos se sentirem melhor. Mas se você não for direta, ficará fácil para ele discutir até conseguir confundi-la.

- Faça SIM o roteiro e coloque em prática. Assim, você não se distrai com as tentativas dele de tirar o controle de suas mãos à força. Se ele tentar interrompê-la, peça insistentemente que ele a deixe terminar.
- Não culpe. Vocês dois são responsáveis pelo relacionamento. Você teve razões para escolher seu mané, assim como ele teve razões para escolhê-la. Culpá-lo não te levará a lugar algum, você estará caminhando em círculos.
- NÃo se prolongue. Ser rápida e direta é sempre mais honesto do que todo um discurso confuso.
- Não participe de um diálogo que não levará a nada. Uma discussão pode minar sua determinação.

Lidando com a reação dele

É bem improvável que o seu Homem Errado consiga ficar calmo e aceitar que você o rejeite sem querer começar uma discussão. E é aí que suas falas ensaiadas podem ajudá-la a manter sua posição. Você diz como se sente e tem absoluto direito a ter seus sentimentos. Tem também o direito de terminar um relacionamento decadente.

> Você sabe o que quer, então não fique divagando sobre isso ou pensando que deva se justificar exageradamente.

Se ele começar a discutir com você, não se desvie do roteiro:

Você: Eu já disse, quero terminar.
Ele: Mas você disse que me ama.
Você: Não está mais dando certo para mim, então estou terminando com você.
Ele: Então você está dizendo que não me ama mais? Quero saber por que, o que eu fiz?
Você: Tem a ver com meus sentimentos de que esse relacionamento não funciona mais para mim, então estou terminando.
... e por aí vai.

No momento em que lhe der muita informação, como quando responde suas perguntas, você abre a oportunidade para que ele se prolongue ou tome o controle da discussão.

O CORPO FALA

Se encontrá-lo pessoalmente, é importante que você confira se suas palavras estão de acordo com sua linguagem corporal. Não importa quantas vezes você se repita, ele a terá nas mãos se seus olhos correrem desesperadamente por toda a sala ou se você estiver encolhida na cadeira como quem é ameaçado de morte.

Pode ser especialmente difícil para mulheres deixar que sua linguagem corporal seja bem neutra. Desde muito cedo, aprendemos a querer agradar, a sorrir e ser sempre gentis. Mas essa é uma ocasião em que você não pode ser assim. Controle o que o seu corpo diz seguindo estas dicas:

- Respire fundo.
- Não esboce nenhuma expressão.
- Sente-se de forma ereta.
- Olhe-o nos olhos.

Aguente firme

Ficará ainda mais difícil se a reação de seu parceiro for intensa, especialmente se ele se chatear. Um de nossos instintos humanos mais profundos é querer ajudar e melhorar tudo quando vemos alguém aflito. Funciona assim até mesmo com desconhecidos, então é ainda pior quando quem se machuca é alguém conhecido. Cada fibra do seu corpo vai querer confortá-lo, mas não ceda.

> Não importa o quanto ele tente ser charmoso ou apele para seu lado fraco, seja fiel à sua intenção inicial.

Em vez disso, você precisa pensar em alguma outra coisa e se concentrar nisso. O pensamento deve ser: a reação dele não é responsabilidade sua.

Não cabe a você fazer a dor, a raiva e o desapontamento dele passarem.

Se a reação dele a chocar, surpreender ou assustar, lembre-se que, assim como você, ele provavelmente carrega toda uma bagagem de seus relacionamentos anteriores. Você provavelmente sentirá o peso de todos os outros problemas da vida dele sobre você, bem como dos problemas de seu próprio relacionamento com ele.

Outras possíveis reações

O cara do "e daí?"

Tem outro tipo de reação para a qual você deve estar preparada – é a preferida de muitos manés por aí: o encolher dos ombros dizendo que não vai lutar por você, te impedir ou revidar de modo algum. Você mesma provavelmente também já usou essa técnica com outro cara para convencê-lo de que aquela que ele realmente quer é sua versão "inatingível".

Desejar o que não podemos ter é um instinto humano (embora negativo), então agora que o jogo virou, é provável que você se sinta rejeitada, quer a resposta inexpressiva dele seja genuína ou não.

É crucial que você segure seus nervos nesse momento e não caia na armadilha que ele armar para você – para fazer você querer ganhá-lo de volta. Você não o quer de volta, lembra?

Potencial oculto

Também vale a pena falarmos um pouco sobre aquelas raras ocasiões em que seu mané de repente parece ter ganho algum potencial, afinal. Pode ser que você tenha comprado este livro pelo seu extenso histórico de escolher o cara errado. Mas às vezes (e só às vezes), o choque que sua decisão causa pode ser suficiente para fazer com que ele pare para pensar em qual rumo a vida dele está tomando. Assim como você, ele tem capacidade para mudar se realmente quiser.

Só não confunda esses momentos com o que podemos chamar de "sexo = síndrome da simpatia". A maioria de nós já cometeu esse crime em algum momento: você tem medo de deixá-lo, mas ele aceita tão bem que, perante os primeiros momentos de real conexão entre vocês em meses, você e ele acabam na cama. E você terá de fazer tudo de novo no dia seguinte.

Mas se tanto a sua cabeça como o seu coração dizem para você que ele é capaz de mudar e que repensar seu relacionamento juntos poderia trazer resultados positivos para o futuro, então sugira que vocês façam terapia de casal. Os padrões em que vivemos, apesar de arraigados, podem ser todos mudados com um pouco de esforço e *know-how*. Se ele falar sério quanto a querer ficar com você e estiver disposto a tentar e trabalhar para que as coisas melhorem, ele vai concordar com sua proposta. Senão, não há maneira mais rápida para espantar um farsante.

Lidando com sua própria reação

Esteja atenta. Ainda que tenha sido você a dar o ultimato, não significa que vai sofrer menos que ele. Mesmo suas melhores amigas – que sabem que faz tempo que você quer se livrar dele – provavelmente estejam esperando que você comemore e não se lamente com elas, então é possível que elas se supreendam se perceberem que você está triste.

É um fato comprovado que mesmo o fim do relacionamento mais horrível envolve perda e, portanto, um período de luto. Você não acaba

> Perdas têm seus próprios padrões e cronograma; a única maneira garantida de sair dessa é passar por elas, por mais doloroso que isso possa ser.

> Permita-se ficar bons momentos em casa, em silêncio, para lidar com seu luto, e organize atividades divertidas com suas amigas para que sua cabeça não fique tão focada na perda.

apenas de perder seu namorado, perdeu também todas as possibilidades que imaginou para seu futuro, toda uma rotina e convivência com amigos em comum, planos, hobbies – e possivelmente até mesmo um lar.

Portanto, não tente negar ou bloquear seus sentimentos, seja quão inesperados ou inoportunos eles forem. E se sua família ou seus amigos parecem não concordar, mostre para eles esta página e reforçe o fato de que você precisa da compreensão e do apoio deles para superar esse sentimento de perda antes que você esteja pronta para recomeçar.

Perda é uma montanha-russa

Passar por uma perda é mesmo como dar uma volta de montanha-russa no parque de diversões. Por um minuto você estará nas nuvens, mas no próximo já estará em queda livre. A única coisa certa é que é outra pessoa que dirige seu carrinho – e você não tem controle nenhum sobre isso.

É importante ter consciência de que há ocasiões, após terminar um relacionamento, em que suas emoções a afetarão de maneira descomunal. Na verdade, pode ser que você se sinta completamente oprimida. Diferentemente de outras emoções, a perda pode ser cumulativa. Você não só está de luto pela perda de seu parceiro, mas também por tudo e todos que você já perdeu um dia –

desde parentes falecidos ao pai que você nunca conheceu ou o cachorro que fugiu quando você era criança.

Enquanto seus sentimentos se manifestam de maneira inconstante e você teme o que ainda está por vir, tenha em mente que não há viagem que não chegue ao fim. Cedo ou

> Quando se sentir oprimida, leia novamente as páginas anteriores deste livro e lembre-se do porquê de ter terminado seu relacionamento.

tarde – mesmo que pareça impossível agora –, seu carrinho vai parar, e você poderá descer dele tranquilamente. O velho clichê que diz que o tempo cura tudo é verdadeiro, então tente lembrar que uma hora você sairá dessa.

Outra coisa importante sobre montanhas-russas é que você nunca deve tentar saltar delas com o carrinho em movimento! Não há atalhos. Você só acabaria se machucando mais do que se tivesse esperado. Então se segure o mais forte que puder. Toda jornada emocional será diferente, mas alguns estágios pelos quais a maioria das pessoas passa estão listados em a seguir.

> Repita para si mesma que você está passando por algo perfeitamente normal.

Estágios da montanha-russa

choque e negação

Mesmo sabendo o que estava por vir, sua primeira reação pode ser descrença. E pode ser que você não queira falar sobre isso ou até mesmo nem pensar sobre isso. Ou pode ser que você se surpreenda ao descobrir quão otimista você está – como se de repente você encontrasse energia para reorganizar e redecorar todo o seu apartamento. Não tem por que se sentir culpada por estar bem. O choque é o modo natural como nosso corpo lida com a dor: o que você está sentindo é como quando as pessoas se apegam aos mínimos detalhes após a morte de um ente querido em razão da sua incapacidade de ficar de luto no tempo certo. Tudo a seu tempo.

por que eu?

Aqui se vão as primeiras lágrimas, quando você se rebaixa e começa a sentir pena de si mesma, começa a imaginar por que coisas ruins sempre acontecem com você, o que há de errado com você que acaba sempre atraindo manés. Essa é a hora de seguir o fluxo e pensar em si mesma. É tempo, também, de dar mais uma lida nos dois últimos capítulos para lembrar-se exatamente de como e (por que) você chegou até aqui primeiramente.

raiva e culpa

Sinta a fúria! Agora você está pronta para parar de achar que foi culpa sua e começar a acreditar que o problema era com ele. Raiva será uma emoção útil se você achar maneiras de expressá-la sem machucá-lo, machucar a si mesma ou qualquer outra pessoa. Atire o tanto de objetos (preferivelmente macios!) que quiser na parede, rasgue almofadas e grite o tanto de indecências que quiser para uma versão imaginária dele na privacidade de seu quarto. E sempre se lembre de todas as coisas ruins que ele fez para te magoar, contanto que você seja capaz de reconhecer quando é chegado o momento de seguir em frente e deixar a raiva para trás.

culpa e tristeza

Primeiro a culpa era dele, agora parece que é sua. Junto com a tristeza, você começa a se sentir culpada. Você duvidará de si mesma, perguntando-se o que há de errado com você e se houve algo que você poderia ter feito para o relacionamento funcionar. Esses sentimentos a deixam tão vulnerável que podem fazê-la querer entrar em contato com ele novamente. Em vez disso, você deveria se preocupar mais em entrar em contato consigo mesma.

Tente aceitar sua situação, aprenda com ela e, se necessário, implemente a mudança como um resultado disso e siga em frente.

> O sentimento de culpa pode ser positivo: aprendendo a compartilhar a responsabilidade, você possibilita a si mesma ter o potencial de aprender e seguir em frente.

a fossa

Cuidado, cuidado! As lágrimas que você já derramou não são nada comparadas ao que você está prestes a encarar quando atingir o declive da montanha-russa. Pode ser que, a partir de agora, às vezes você se sinta apavorada com o fato de seu luto ser tão profundo e de suas emoções terem ficado fora de controle. É hora de se retirar para sua zona de conforto, seja ela na cama ou no sofá. Tranque as portas. Ouça todas as "suas" músicas. Derrame lágrimas em cima de fotos antigas. Releia as cartas dele. Mas conforme você se deixa afundar em desgosto, não se esqueça de apertar o alarme. Você precisa estabelecer limites para o período de fossa, assim não fica presa lá. Prometa para si mesma que se permitirá lamentar por duas horas se preciso, mas que depois você vai se encontrar com amigos para jantar, vai tomar um longo banho de banheira, acender umas velas e deixar o CD player tocar por horas.

aceitação

Alcançar esse ponto não significa que você já não se sente mais triste, mas que os extremos de suas emoções já ficaram para trás. Conforme você subir as rampas da montanha-russa, poderá ter uma visão mais ampla. Agora que você se conhece melhor, começará a ver mais claramente por que não deu certo com ele e aceitará que definitivamente vocês não serviam um para o outro.

deixando para trás

Pode ser que demore meses até que você consiga achar um fio de cabelo dele em seu sofá sem cair em prantos. Mas a vida começa a melhorar de novo e – o mais importante – você não só acredita que ficará bem, como você sabe que está bem.

Aperte os cintos

Conforme você dá um passeio de montanha-russa, o cinto de segurança que a segura deve ser este: nunca, jamais, aja quando estiver emotiva. Sim, algumas vezes você vai sentir um desejo incontrolável de pegar o telefone, marcar um "possível encontro", colocar seu coração em uma longa carta ou aparecer à porta dele e deixar que ele a traga de volta para seus braços. Mas não faça isso.

Quando você tem uma decisão de vida ou morte para tomar – seja sobre trabalho, escolher onde vai morar ou fazer um empréstimo – o que você faz? Na maioria das vezes, dorme pensando nisso para ter certeza de que agirá com a cabeça e com o coração. Então, por que você se permite agir por impulso quando suas emoções estão à flor da pele?

O poder das palavras

Há várias coisas que você pode fazer nesses momentos, quando se sente tentada a pular fora da montanha-russa de volta para os braços dele. Uma delas é usar o poder da palavra. Quando seus sentimentos a estiverem oprimindo, pegue um papel e uma caneta e escreva uma carta para seu ex. Escreva dez cartas, se quiser. Mas lacre-as imediatamente e as dê para sua melhor amiga ou para seus pais com estritas instruções para que não as mandem ou entreguem para você, não importa o quanto você implore, até que esteja novamente "com a mente sã".

Uma alternativa seria você pedir que essa mesma amiga se sente e escute

> Qualquer decisão importante que você tomar enquanto estiver com as emoções à flor da pele está fadada a ser a escolha errada, então espere para tomar medidas radicais.

por uma noite inteira você tentar convencê-la de por que você deveria vê-lo de novo – provavelmente enquanto chora. Depois vá dormir pensando no que disse e veja o quanto você vai estar com as ideias mais claras na cabeça no dia seguinte, agora que tantas emoções foram colocadas para fora. As coisas podem parecer realmente diferentes de manhã, inclusive o calendário na parede, que deve marcar à caneta vermelha quantos dias você sobreviveu sem ele. Muito bem.

Os trilhos de sua vida

As seguintes dicas de sobrevivência devem ajudá-la a não sair dos trilhos de sua montanha-russa emocional. Mantenha-as em mãos como garantia em seus momentos de dúvida.

lembre-se de se manter ocupada

Não tão ocupada a ponto de viver em negação, mas também não tão desocupada a ponto de permitir que voltem todos os sentimentos que tinham ido embora junto com seu mané. Você precisa de atividades, mas também de tempo livre.

prepare-se para a irracionalidade

Você pode achar que está lidando com a perda dele, com seu trabalho e com sua tia tudo na mesma semana, mas aí você se pega chorando porque quebrou sua unha. Surpresinha: essas reações emocionais não são inteiramente distintas.

conversar menos?

Reconheça se falar sobre ele ajuda ou se só reforça o quanto você se sente mal. No primeiro caso, tudo bem. No segundo, é hora de cuidar do seu jardim, fazer algum exercício ou sair com suas amigas.

redescubra-se

Entre em contato novamente – humildemente – com tudo aquilo de que você abriu mão previamente por causa dele, sejam amigos, interesses ou sonhos. E faça um lembrete para si mesma: quando achar o Homem Certo, não cometa os mesmos erros.

lembre-se dos defeitos dele

Escreva uma lista de todas as coisas ruins que ele um dia fez para você e cole no telefone de um jeito que você não consiga pegar o gancho sem lembrar por que você o largou. É uma boa ideia fazer isso durante seu período de "raiva e culpa", porque isso vai te ajudar a lidar com toda a energia negativa.

> Use essa oportunidade para direcionar sua energia e suas emoções e faça coisas que sempre quis fazer, como passar mais tempo com as amigas, entrar em forma ou arranjar um novo hobby.

ame-se

Escreva mensagens positivas e fortalecedoras para si mesma e cole nos espelhos de sua casa, na geladeira e ao lado da cama. Que tal: "Eu não tenho de me contentar com pouco", "Posso me virar sem ele porque já passei por isso" ou "Nunca vou encontrar o Homem Certo se continuar com o Homem Errado"?

seja positiva

Concentre-se em todas as coisas boas que acontecem com você todos os dias – aquela xícara de achocolatado bem quentinha em uma manhã fria de inverno ou o perfume das flores em uma tarde de verão, fazer alguém sorrir, o carinho do seu cachorro ou gato. E, acima de tudo, permita-se se divertir.

Uma linda amizade?

É bem possível que em algum momento no meio do percurso a sugestão de que vocês sejam amigos venha à tona. Mas tome cuidado: há normalmente apenas duas razões para que alguém diga "Nós ainda podemos ser amigos".

A primeira é você se sentir mal por ele estar triste. E não apenas mal, mas culpada. Concordar em serem amigos é seu modo de tentar se sentir melhor. Mas isso não vai ajudá-lo a entender que você se cansou. Na verdade, é mais provável que o confunda. Além disso, é possível que isso atrapalhe a jornada dele pelos estágios da perda e atrase sua recuperação, então é quase injusto.

A segunda tem a ver com aquela parte traidora de seu coração que, de alguma forma, pulou as des-

> Não importa quão maravilhosas sejam suas amigas, sempre há um momento em que você sente que já se apoiou demais nelas e agora precisa de alguém mais objetivo.

> Amigos de verdade não tentam mudar um ao outro.

cobertas feitas no Capítulo 3 e ainda se segura em uma pontinha de esperança de que ele mude, de que você mude ou de que todo o mundo mude só para que tudo fique melhor. Ele não mudará, você também não, então é hora de esquecer essa esperança. Prender-se à sua fantasia só fará sua recuperação ficar para sempre "suspensa" – o carrinho de sua montanha-russa vai brecar bem no meio do caminho, enquanto estiver nas alturas, bem perto do céu.

Um fim (e um começo) em vista

Tenha em mente que todas as montanhas-russas são diferentes. A sua pode ter apenas algumas descidas e subidas, pode envolver alguns *loopings* ou você pode se ver descendo o penhasco novamente – montanhas-russas, às vezes, também andam de ré. O que elas não podem fazer, no entanto, é voltar no tempo. Cada curva perigosa que você ultrapassa é uma pela qual você não terá de passar de novo. E mesmo quando parece que você está dando três passos para frente e dois para trás, lembre-se de que um passo é sempre melhor que passo nenhum e significa progresso.

No entanto, se você realmente se sente como se estivesse a caminho de ficar presa em uma rotina de depressão, não tenha medo de procurar ajuda profissional. Ir ao psicólogo não é admitir que você não consegue lidar com seus problemas, mas sim uma maneira construtiva de se ajudar a seguir em frente.

Esses profissionais são altamente treinados, estão mais distantes do seu problema e possuem habilidades não só para escutar e confortar você, mas também para ajudá-la a encontrar suas próprias respostas e aprender a se proteger, sem nenhum mané em vista!

A vida de solteira

5 Agora é a melhor hora para ser solteira. Se você tivesse nascido há cinquenta anos, isso seria tão raro quanto uma adolescente com atitude. Mas com tantas pessoas que preferem se casar mais velhas, e como metade daquelas que tinham escolhido amarrar seu burrinho cedo estão livres novamente, as solteiras são não só comuns como também requisitadas e bem-servidas. Então, já que você já vestiu a camisa, também pode pegar uma caneta vermelha e rabiscar o slogan: "Solteira e feliz". E aqui vai como...

Um conto de duas solteiras

Siobhan e Izzie são igualmente recém-solteiras, mas elas não poderiam ser mais diferentes. Para Siobhan, cada dia sem um homem em sua vida é um dia perdido. Cada mês que se passa sem que ela encontre o Homem Certo a deixa mais perto de uma imaginária noção de que ela ficará presa do lado errado da plataforma e será forçada a assistir ao Trem do Amor partir para sempre sem que ela esteja a bordo. Cada final feliz de alguém é uma lembrança de que ela falhou em procurar por seu próprio "felizes para sempre" – o que pode fazer com que ela seja uma péssima companhia na maior parte do tempo.

> Parceiros potenciais tendem a nos querer ou nos deixar de acordo com nossa própria avaliação de nós mesmas.

Já Izzie é sempre convidada por todos para sair. Ela pode até preferir estar em um relacionamento, mas enquanto não encontra seu par, faz todos rirem com suas histórias malucas sobre sua busca pelo Homem Certo – e todos os Homens Errados que ela encontrou no caminho. Diferentemente de Siobhan, ela não parece ter deixado sua vida "suspensa" enquanto espera que um homem caia em seu colo.

Esses exemplos são a prova viva de que as outras pessoas nos julgam de acordo com o modo como julgamos a nós mesmas. Enquanto o desespero de Siobhan é tão eficiente quanto uma cerca de dois metros de altura quando se trata de impedir as pessoas de entrar, a determinação de Izzie para tocar sua vida é como um tapete com os dizeres "bem-vindo". Sua energia, seu humor e seu amor pela vida fazem dela uma pessoa altamente atrativa para quem ela conhece, inclusive para vários potenciais namorados. Moral da história: aja como se fosse feliz, bem-sucedida e satisfeita e, assim, não só o mundo acreditará nisso como, com o tempo, você descobrirá que isso não é só um truque secreto, você realmente é todas essas coisas.

As atitudes de Siobhan e de Izzie com relação a elas mesmas têm muito a ver com a autoestima – uma parte de nós que pode ser golpeada quando nos envolvemos em um relacionamento nocivo e depois novamente quando saímos dele – fazendo que elas se achem tolas, incorrigíveis ou indignas de amor.

> Seja boa para si mesma.

"Gostar de si mesma" significa se dar primeiro tudo aquilo que você merece para depois oferecer para o Homem Certo, quando ele aparecer em sua vida: amor, confiança, valor e respeito. Então, se você sente que não esbanja o suficiente consigo mesma, comece tentando impulsionar sua autoestima com as injeções de ânimo listadas a seguir.

Dicas maravilhosas

O mundo vê as solteiras como sinônimo de diversão e animação – o oposto do que seria um casal fechado e conservador –, então aproveite!

Comunhão de gentilezas

Reúna-se com duas ou três amigas confiáveis e dê a cada uma um pedaço de papel. Peça a elas que escrevam seu próprio nome no cabeçalho da folha e depois passe-o para a pessoa sentada à sua esquerda. Cada uma deve escrever pelo menos duas linhas dizendo por que a pessoa cujo nome está no topo do papel é tão maravilhosa. Então, passe os papéis novamente. Se parecer estranho, explique que isso faz parte da sua campanha para esquecer seu mané. Amigas de verdade ficarão felizes em ajudar.

Comece a fazer um diário de elogios

> Toda aquela energia que você estava colocando em fazer você e ele darem certo agora está disponível toda só para você.

Carregue com você um diário ou um caderno de anotações o tempo todo e, sempre que alguém disser algo de positivo sobre você, anote. Releia-o sempre e acredite nele!

Vamos fingir

Combine de sair com suas amigas e permitam-se ser alguém totalmente diferente nessa noite. Vistam-se de um modo maluco e abram mão de suas inibições. Para muitas de nós, é mais fácil se soltar e se sentir mais confiante usando roupas emprestadas, fingindo ser outra pessoa. No fim da noite, pense no quanto você poderia ter se divertido se tivesse sido o tempo todo tão segura de si mesma quanto acabou de ser.

Mime-se

Toda revista que você ler recomendará que, para esquecer um amor, sempre ajuda fazer um tratamento facial, marcar uma massagem, comprar uma roupa nova. Você sabe por que elas estão certas? Porque, se um homem oferecesse tudo isso a você, você se sentiria paparicada. Autoestima tem a ver com paparicar a si mesma.

Anime-se

Escreva três anúncios de propaganda sobre si mesma em seu diário: um para achar um homem, outro para achar uma colega de quarto perfeita e mais um para conseguir seu emprego dos sonhos.

Fica proibido escrever qualquer negatividade. Sua tarefa é se promover – mas faça isso honestamente. Quando terminar, dê uma olhada no que escreveu. Você não é mesmo ótima?

Perdoe-se

Certo, então você fez algumas escolhas ruins no amor. Mas você está fazendo o melhor que pode. Toda vez que quiser se criticar – por não ser capaz de desapegar, por algo estúpido que disse ou fez, por não aprender com o passado – imagine-se criança

> Algo tão simples como se presentear com um tratamento facial, manicure, cabeleireiro ou com uma roupa nova pode ajudar você a voltar para os trilhos da autoconfiança.

novamente, e como seria seus pais cuidando dela. Faça carinho quando estiver triste, apoie-se quando cometer erros e levante-se quando cair.

Tem tudo a ver com a caminhada

Você provavelmente não precisa ser lembrada de que a vida muda e poucas coisas continuam iguais. Pense no que estava fazendo cinco, dez, vinte anos atrás. Você mudou, aprendeu, cresceu, e é quase certo que tudo aquilo que costumava afligi-la – notas ruins na escola, seus sapatos baratos, aquela alface no meio dos dentes durante uma entrevista de emprego – não fazem mais do que lhe causar algumas boas risadas agora.

> A chave para ser uma solteira de sucesso é aproveitar cada minuto da caminhada, mais do que focar na chegada – porque a verdade é que nós nunca realmente "chegamos".

Embora não acreditasse que conseguiria, você chegou longe. Então, por que raios você deveria achar que sua vida acabou só porque seu relacionamento recente terminou? Você pode até perder seu homem (ele é um mané mesmo, lembra?), mas a caminhada continua. De fato, é aqui que ela começa a ficar interessante, conforme você sai da pista simples, pega o mapa em suas mãos e agora pode ir para onde quiser, fazer o que quiser e ser quem tiver vontade de ser.

Segura, sabendo que sua vida seguirá em frente, você está apta a pensar que voar solo é só uma parte do panorama geral – e que deve aproveitar ao máximo enquanto pode.

Imagine que você finalmente conseguiu guardar dinheiro para fazer a viagem de seus sonhos. Aquela com a qual você fantasiou por anos. Quando você põe os pés na areia da praia (ou respira o ar da janela de sua cabana na montanha), não fica determinada a aproveitar cada segundo de felicidade e do prazer antes de ter que voltar para sua mesa no escritório?

Pense nessa fase "solteirística" como se fosse essa viagem. Quem sabe? Pode ser que, em seis meses ou seis anos, você ache o Homem Certo, e a última coisa que vai querer fazer é olhar para trás e se arrepender de não ter aproveitado ao máximo sua juventude, liberdade e solteirice quando teve a oportunidade.

E mesmo quando o Homem Certo chegar, ele não deve ser o centro de seu universo. Porque esse é o seu lugar – junto de seus sonhos, metas e fantasias.

Transformando sonhos em realidade

As pessoas mais felizes, aquelas que todos amam ter por perto, são aquelas que têm um propósito na vida ou um sonho que lutam para realizar. E enquanto você se concentra em seu mané, pode ser que perca de vista essas metas pessoais.

Talvez você tenha sonhado com uma casa, marido e filhos, mas, estando apaixonada pelo Homem Casado, você tinha que se convencer de que era muito melhor ser amante dele do que amante de sua própria casa. Talvez você ame dançar e tenha invejado todas aquelas ami-

> **Agora é uma ótima hora para redescobrir seus sonhos e propósitos – quem você realmente é e o que realmente quer –, já que não precisa mais se preocupar com ser a mulher certa para o homem errado.**

gas que se inscreveram em aulas de salsa, mas soubesse que o Homem Carente não concordaria com você ficar tão próxima fisicamente de outros homens. Ou talvez sua fantasia fosse deixar o emprego para abrir uma pequena loja de artesanato no meio do nada. Mas após tantos anos ouvindo o Homem Controlador dizer o quanto você é inútil, não acreditasse mais que tinha habilidade para se sair bem.

Se suas aspirações estão enterradas debaixo dos escombros de seus relacionamentos fracassados, pense no hoje como o dia de Ano-Novo. Escreva um conjunto de resoluções para o começo de uma nova era em sua vida e depois pense em como realizá-las.

Por exemplo, se você escreveu "desistir do trabalho para virar artista", o que a impede de fazer aulas de pintura? Se viajar está no topo de sua lista, comece economizando para comprar a passagem. Ou então, se ter uma casa repleta de animais é o que você deseja, comece se voluntariando para ajudar o canil de sua cidade.

Muitas das coisas que dissemos que faríamos "se tivéssemos a chance" estão, na verdade, ao nosso alcance, basta termos a coragem de esticar a mão. Não é de dinheiro que precisamos para conquistá-las, é de uma atitude confiante, de um pensamento lateral, de comprometimento com trabalhar em direção ao futuro ideal – mesmo que tenhamos de dar um passo por vez, em vez de um grande salto.

Aproveitando a vida de solteira

O que seria dos cabeleireiros se todos estivessem felizes no amor? Desempregados – porque quando um relacionamento termina nós normalmente sentimos que devemos mudar de estilo.

Cortar aquele homem fora do seu cabelo é um ótimo jeito de ter um novo começo, mas por que parar por aí? Se ele andou gorando o seu estilo (ou se você andou arruinando seu próprio estilo pelo bem dele), é hora de redescobrir tudo aquilo que você gosta de fazer – e algumas coisas novas também.

O primeiro passo é arrumar um diário e registrar, hora a hora, tudo o que você faz em uma semana. Quanto tempo você dedica àquilo que gosta de fazer (como longas caminhadas), ao que você tem de fazer (como trabalhar) e ao que você pensa que deve fazer (como limpar o banheiro, visitar parentes ou dormir cedo durante a semana)?

Se o tempo reservado para você parece a borra do fundo de uma garrafa, é hora de recuperar o equilíbrio em sua vida. Esqueça o que sua mãe lhe ensinou sobre ser uma boa garota e arrumar a casa (ao menos até que ela lhe faça uma visita) e incorpore o lema "a vida é para se viver". Separe um tempo só para você em cada dia da semana. Se ajudar, marque de fato em sua agenda um horário para fazer isso.

> Todas aquelas novas baladas, bares, clubes, restaurantes e academias que estão na moda – é por você (ok, você e seu dinheiro) que eles procuram.

E quanto ao que fazer com o seu tempo, pode ser que você não precise nem pensar duas vezes para pôr uma música, se servir de um copo de vinho, jogar-se em uma poltrona e ler um *best-seller* de seiscentas páginas. Ou pegar o telefone e chamar suas amigas para saírem à noite.

Mas não se limite a fazer coisas que você sabe que vai gostar de fazer. Pense no que gostava de fazer quando criança. Uma volta de duas horas em cima de um pônei? Pintar com os dedos? Inventar histórias para sua família? Subir em árvores? Dançar pelada pela casa? Faça uma lista de tudo isso em seu diário e prometa a si mesma que praticará pelo menos uma dessas atividades toda semana. É garantido que você irá se divertir e talvez até redescobrirá um hobby ou interesse que nunca deveria ter esquecido.

E sobre o novo corte de cabelo, por que parar por aí? Por que não reorganizar todos os móveis ou renovar seu apartamento? Aprender a cozinhar de um jeito diferente ou começar a se exercitar para entrar em forma?

Esse tempo é seu, e você tem todo o direito de celebrar todas as oportunidades que a esperam virando a esquina.

É tempo de mudar

Você poderia organizar uma "festa do guarda-roupa" em que suas amigas lhe dizem (gentilmente) quais roupas servem e quais não servem mais em você. Elas podem dividir entre elas a pilha de roupas inadequadas para você, e você pode ir com a consciência limpa até uma loja e experimentar novos *looks* para achar a desejada "nova você".

Comemorando a solteirice

Em vez de sentir pena de si mesma durante sua solteirice novinha em folha, por que não se concentrar em todos os aspectos positivos disso? Principalmente o fato de que você pode fazer praticamente tudo o que quiser com o seu tempo, seja passar o dia todo na cama... procurar a maquiagem perfeita no shopping... sonhar acordada... fazer o que der na telha... ou descobrir ainda mais jeitos de celebrar seu novo e fresquinho status!

Quatorze maravilhosos motivos para celebrar a vida de solteira

1. Você pode fazer planos e se mandar quando quiser sem ter de consultar nada nem ninguém além da sua vontade (e sua conta bancária, é claro).

2. Mais ninguém (além do seu gato) liga se tinha alho demais no seu molho de tomate.

3. Sua conta de telefone não será mais suficiente para falir um país inteiro.

4. Você pode comer todo o recheio de seus chocolates. Na verdade, todos os chocolates são só seus.

5. Você pode encostar temporariamente toda a sua coleção de impraticáveis lingeries de seda a favor daquelas boas e velhas calcinhas confortáveis, não importa quão gastas ou nada sexy elas sejam.

6. A tampa da privada nunca mais ficará levantada, e não há mais risco de cortar seus pés com pedaços de unha escondidos debaixo do tapete.

7. Agora não há mais problema em notar que seu astro de cinema favorito está solteiro novamente (e talvez, quem sabe, ele não note que você está também!).

8. Você não tem de transar – ou fingir que quer – quando na verdade prefere tomar uma xícara de chocolate quente.

9. Você pode andar pelada o quanto quiser pela casa sem ninguém achar que isso é um convite.

10. Quando não consegue dormir, você pode atacar a geladeira e ler até o amanhecer sem se preocupar em incomodar ninguém.

11. Você não tem mais de se lembrar de um monte de aniversários e bodas ou ser culpada quando ele não se lembra do aniversário da própria mãe!

12. Você pode assistir ao tanto de programas inúteis na TV que quiser sem ter de fingir que é porque não tem nada de melhor passando.

13. Você pode ir sozinha a festas da empresa e descobrir quem gostou de você secretamente por meses, mas não pôde se revelar porque você estava comprometida.

14. Você pode convidar suas amigas (ou até mesmo amigos) para ir à sua casa quando quiser, e não só naquelas noites em que seu homem sai com os amigos dele.

Amigas leais

As amigas são um elemento crucial para ser uma solteira de sucesso. Porque, mesmo que você agora esteja sozinha, isso não significa que deva ficar solitária. Muitas coisas das quais procuramos em relacionamentos sadios com um homem podem ser igualmente encontradas naquelas pessoas que chamamos de amigas: aceitação de quem nós somos, apoio – não importa o que aconteça –, conhecimento de onde viemos e do que procuramos, assim como toda a diversão dos momentos bons.

Cuide com carinho dessas amizades agora, oferecendo às suas amigas e recebendo delas na mesma proporção. Assim, quando encontrar o cara certo, não precisará dele para ser tudo para você. E ainda, conhendo-a sozinha, suas amigas estarão em perfeitas condições de lhe dizer se ele é realmente o Homem Certo para você.

É possível que, enquanto esteve com seu mané, você tenha se isolado de suas amigas. Talvez muitas das pessoas com quem você saía fossem casais de amigos, e agora elas se foram juntamente com o seu perdedor. Ou talvez, com ou sem um homem em sua vida, você simplesmente tenha dificuldades para conhecer pessoas e fazer amigos. Seja qual for a situação em que você se encontre, a companhia de pessoas que pensam igual a nós nos enriquece, então é hora de fazer um esforço para se unir a elas.

Prazer em conhecê-la

Conhecer e fazer novos amigos pode ser muito mais desafiador quando ficamos mais velhos e não temos mais centenas de pessoas que potencialmente pensam parecido conosco à nossa volta – seja na escola, na faculdade ou em outras atividades diárias. Seu local de trabalho é o lugar mais propenso para que você conheça pessoas, mas muita gente prefere não misturar negócios com prazer. Há outros lugares, no entanto, onde amigos potenciais – ou mesmo namorados potenciais – podem ser encontrados.

> **Você pode até estar solteira, mas tente não desistir do amor; saia de casa, mesmo se for só para olhar umas vitrines.**

Lugares que valem a pena

academias

Homens são maioria em academias, principalmente porque ficam mais confortáveis se relacionando com seus colegas em bicicletas ergométricas do que na cama (como nós). Ok, pode ser que você não fique tão atraente com suor escorrendo pela sua cara toda vermelha, mas quando você se sentar ao lado dele na lanchonete, você estará radiante.

clubes de hobbies específicos

E que tal os outros grupos que estão esperando por você? Se é companhia masculina que você procura, prefira fazer parte de um grupo de corrida ou mergulho do que de um curso de costura. Mas se costurar é a sua paixão, então se inscreva. Haverá mulheres que dividirão com você esse amor, e novas amigas a apresentarão a novos lugares e até mesmo a novos caras.

excursões

Faça uma viagem baseada em algo que você ama fazer: um tour pelo Egito ou uma visita a vinhedos. É quase impossível não fazer novos amigos em um grupo de pessoas que compartilham os mesmos interesses.

trabalho voluntário

Inscreva-se como voluntária em uma área que a interessa – crianças, política, meio ambiente. Não seria fantástico conhecer um parceiro potencial que ame fazer as coisas que você também ama?

Lidando com a tristeza

Só porque você não se encontra mais em sua montanha-russa emocional não significa que não terá seus dias ruins. Lembre-se, você não é a única. Pode ser por causa de seus sentimentos sobre relacionamentos. Mas também pode ser por causa de hormônios, céus cinzas, a enorme conta de telefone ou qualquer outro detalhe que faz parte da vida. É importante, nesses dias ruins, ser honesta sobre o que está por trás disso, especialmente se você se pegar pensando em seu ex.

> Tente ser gentil consigo mesma quando tiver um dia ruim: vai passar logo.

Outro aspecto importante é ser honesta sobre onde se encontram todas as outras pessoas. É muito tentandor você achar, quando está mal, que todo mundo está dez vezes melhor e mais feliz que você. Ou que o mundo inteiro é feito de casais e você foi deixada olhando do lado de fora da cerca – junto com todos os manés –, só observando como todos são tão mais felizes comparados a você.

Só que nem todos os casais estão sempre felizes. Veja a seção "problemas" de qualquer revista feminina. Repare nos relacionamentos conturbados dos ricos e famosos. Pense em como você parecia quando estava com seu perdedor. Você andava por aí com uma grande placa em cima de sua cabeça que proclamava para todos quão infelizes vocês estavam? Ou quando terminaram foi uma surpresa para alguns, porque vocês sempre pareciam muito bem?

Cada casal aparentemente perfeito que você vê tem seus períodos de não se gostarem muito, quando eles têm de trabalhar para entender um ao outro e crescer juntos. E há uma boa chance de que muitas daquelas pessoas que você vê também tenham de batalhar por anos a fio com seus manés até que achem seu caminho no amor com a pessoa certa.

Se você decide que a situação é mais do que um simples "dia ruim", é possível que ainda não tenha superado propriamente as fases de sua perda. Fazer algumas sessões de terapia é um bom jeito de lidar com o fato de se sentir presa nessa rotina e pode ajudá-la a descobrir o que está segurando você. Mesmo que você sinta que está se virando relativamente bem, pode ser bom contar com uma ajuda profissional – só para ter certeza de que você está seguindo em frente em direção ao futuro brilhante que você merece.

Só tenha em mente que dias ruins são inevitáveis. Dê uma olhada na lista de situações emocionalmente "perigosas" na página seguinte para algumas ideias de como negociar sua passagem por elas.

Alerta emocional!

Não importa quão bem você esteja se saindo com o seu rompimento, ainda é bem possível que você se encontre em alguma das situações chatas e constrangedoras como as que seguem:

É dia dos namorados, suas colegas estão disputando pelo título de "quem ganhou mais presentes" e parece que há menos táxis nas ruas do que vans de floriculturas entregando o que parecem ser milhares de rosas vermelhas em casas e escritórios por todo o país. Mas você não ganhou nada. Que dó.

Procure cartões de dia dos namorados com amáveis mensagens para mandar para todas aquelas pessoas fantásticas que ajudaram você quando terminou. Quem disse que amor romântico é a única linguagem falada nesse dia?

Um parente lhe pergunta sobre seu mané e diz que ele era um cara superlegal e como vocês dois combinavam. Não precisa defender sua decisão de deixá-lo. Mas quem sabe

> Você sabe que fez a coisa certa deixando-o – continue dizendo isso para si mesma.

não deixa escapar que o que você mais odiava nele era como ele falava mal de seus parentes pelas costas?

Seu colega bem-intencionado diz que tem um lugar para se sentar sobrando bem ao lado do único homem solteiro além de você em um jantar onde todos os outros são casais.

A todo custo, evite participar de conversas sobre manés apaixonados: seu perfil agora é de solteira elegante, e não de masoquista arrependida. Lembre-se (e diga também para o moço ao seu lado) de que é grande a chance de metade das pessoas comprometidas em volta da mesa na verdade a invejarem (é verdade!).

Seus colegas a arrastam para assistir a um novo filme que te faz se descabelar de tanto chorar em cima de sua pipoca.

Há mais de uma maneira de se livrar de seu mané: lágrimas são maravilhosamente terapêuticas, então chore mesmo. Tenha certeza de que você tem em mãos vários lencinhos e diga para suas amigas que elas simplesmente não têm alma.

Todos estão planejando as férias de verão, e você está triste por não ter ninguém para abraçar sentada na areia da praia debaixo de uma lua prateada em alguma cidade do litoral.

Esse é o ano para participar de qualquer atividade de férias, seja aprender *yoga* no México, velejar em um barco ao redor das ilhas gregas ou tosar ovelhas na Austrália. Assim, você ainda tem o sol, mar e presentinhos, mas também o estímulo de fazer algo diferente e a segurança de estar com pessoas que (quase todas) vieram sozinhas também.

Você está em um loja e de repente percebe que está tocando na rádio uma música triste e romântica (*All by myself* e similares), ou pior, a "música de vocês". Pegue um atalho até a saída, corra para casa e coloque uma música bem animada estilo *I Will Survive* para tocar. Faça de sua casa uma zona franca de balada – pelo menos por enquanto.

Você ouve uma fofoca de que seu ex não só conheceu alguém como está noivo. Mas que besteira da parte dele não se aproveitar das alegrias de ficar solteiro, e, da parte dela, por se relacionar com alguém que obviamente foi deixado para escanteio. Combine um jogo de futebol ou vôlei com uma amiga para vivenciar outros tipos de escanteio.

Manés, nunca mais!

Uma vez recuperado o controle e também a responsabilidade de sua vida e felicidade, você não só ganhará confiança, mas também uma boa dose de força interior.

Lembre-se de que quando chegar a hora de se colocar novamente no mercado à procura de um homem, você não vai buscar somente alguém que a complete. Se você tiver aproveitado bastante sua fase de solteira, estará completa por dentro, o que significa que está apta a procurar por al-

> Esta você tão alerta, segura e independente vai atrair um novo grupo de homens de primeira linha.

guém que a complemente, mais do que preencha as lacunas em sua vida e personalidade.

O fato de que você gosta da vida de solteira não significa que não queira intimidade e relacionamentos, ou o Homem Certo para deixá-la nas nuvens. Mas você está aprendendo que tudo isso não é essencial para sua sobrevivência. Você não só consegue se virar sozinha como pode ter sucesso. E isso faz de você uma pessoa infinitamente mais desejável para o cara com quem você gostaria de construir um relacionamento saudável – e também te torna indisponível para qualquer mané que ousar cruzar seu caminho.

Você não se preocupará com o fato de o Homem Teoricamente Perfeito também poder ser o Homem Indisponível, porque seus olhos enxergarão que ele é puramente Indesejável e Não Atraente primeiro. E se o Bad Boy só puder esquentar sua cama de vez em quando, você preferirá seu cobertor quentinho (que nunca lhe pediu que elogiasse suas habilidades na cama e depois não ligou para você no dia seguinte). E quanto ao Homem Não Confiável, por que se importar com ele quando você tem meia dúzia de bons amigos – tanto ho-

> Boas-novas: você não só se livrou de seu mané – perdeu também, com certeza, seu gosto por futuros manés que porventura apareçam no caminho.

mens quanto mulheres – com quem você pode contar? Além da nova e cheia de energia você, é claro! Finalmente você se deu conta de que estar sozinha pode ser muito mais divertido do que estar com o Homem Errado pelo bem de vocês dois.

Encontrando um novo homem

6 Quantas vezes você procurou em vão por sapatos que combinassem exatamente com seu vestido, e os encontrou meses depois de ter desistido?

Você descobrirá que com o amor acontece do mesmo jeito. Uma vez que você tenha atingido o ponto de ser uma solteira que sabe a diferença entre precisar e querer alguém, o Homem Certo aparecerá cedo ou tarde – igualzinho àqueles sapatos.

Só não se esqueça de tudo o que você aprendeu para se assegurar de que os "novos sapatos" que comprar servirão direitinho – ao contrário de algo que, mais uma vez, destoará do seu modelito.

Teste de realidade

O exercício a seguir é uma ótima maneira de ajudar você a decidir se está realmente pronta para um novo relacionamento de sucesso.

Escreva todas as razões pelas quais você gostaria de ter um homem em sua vida novamente. De que modo você acha que estar com alguém mais uma vez poderia melhorar sua vida? Agora preste atenção em sua lista. Ela inclui os elementos de um relacionamento saudável que é proveitoso para ambos os parceiros igualmente?

> Só comece a pensar em se relacionar com outro homem quando não se importar mais se ele demorar para corresponder.

- Amar, sorrir e aprender lado a lado.
- Apoiar e receber apoio.
- Ter um companheiro e um novo melhor amigo.
- Compartilhar sonhos, desejos e medos.
- Ter uma vida sexual calorosa (ou selvagem) – do jeito que você quiser.

Duas metades = um inteiro?

Normalmente duas metades são um inteiro, mas quando se trata de relacionamentos, elas são simplesmente duas metades – como dois pés esquerdos de um sapato, eles só fazem a pessoa andar de um jeito mais estranho. Então, só quando você se sentir inteira sozinha e souber que pode sobreviver perfeitamente bem assim (mas adoraria continuar sua jornada com outro sobrevivente ao seu lado), é que estará pronta para um novo relacionamento.

Ou será que algumas das descobertas negativas feitas sobre si mesma no Capítulo 2 fizeram ressurgir sua cabeça dura e teimosa de novo?

- Sua necessidade de ser necessária para alguém.
- Seu desejo de ter alguém tomando conta de sua vida para você.
- Sua procura por um motivo melhor para se levantar pela manhã.
- Seu desejo por alguém que arrume seu telhado ou conserte o seu carro.

Se sim, você ainda precisa passar um pouco mais de tempo se conhecendo e aprendendo a se gostar. Pode valer a pena procurar a ajuda profissional de um psicólogo.

> Se você não sente que está superando o fim do seu namoro, pode precisar entrar para um grupo que trabalhe a autoestima.

QUIZ

Você está pronta para o amor?

Você chegou até aqui, mas conseguiu realmente lavar o mané do seu cabelo ou ainda acha rastros persistentes dele, como caspa em seu colarinho? O teste a seguir é um jeito prático de ter certeza disso, então seja honesta consigo mesma enquanto o faz.

Descreva sua vida como solteira

a. Eu gosto da minha própria companhia e estou me divertindo muito, mas seria melhor ter alguém com quem compartilhar as coisas.

b. Estar sozinha me dá muito tempo para pensar sobre o que eu tenho feito de errado – é estranho o jeito como parece que ninguém me atende quando eu ligo para conversar sobre isso.

c. Eu acabei de tatuar a frase "Mulheres precisam de homens como galinhas precisam de seus poleiros" em minhas costas.

Como você se sente quando pensa nele e no que passaram juntos?

a. Triste e um pouco saudosa, mas também sinto que cresci e estou mais sábia.

b. Às vezes fico brava com ele e comigo por tê-lo aturado; outras vezes acho que não foi tão ruim assim e que talvez eu devesse ter dado mais uma chance a ele.

c. Mané? Que mané?

Com qual frequência você fala agora de seu mané para suas amigas? Responda honestamente.

a. O nome dele aparece de tempos em tempos.

b. Honestamente? Sempre falamos dele, mas estou certa de que são minhas amigas que tocam no assunto.

c. Eu ainda não sei do que você está falando!

Você está em um bar e um cara aparentemente amigável lhe faz um elogio e pede seu telefone. Como você reage?

a. Hmm. Eu sugiro que em vez disso ele me dê seu telefone, já que é difícil me encontrar em casa.

b. Eu dou meu telefone de casa, do escritório, meu celular e meu email, e ainda lhe explico como e quando me encontrar por cada um desses meios.

c. OK, ele se disfarçou bem, mas por baixo daquela máscara atraente é quase certeza que ele tem tendências de mané, então eu dou um sorriso e dou as costas para ele.

Qual a sua pontuação?

É hora de encarar a verdade sobre se você já o superou ou não.

Maioria **A**: seus pés estão bem-plantados no chão, e você os usa para seguir em frente. Você aprendeu muito sobre si mesma e está aceitando bem as mudanças. Vá em frente. Ligue para aquele cara. O que você tem a perder?

Maioria **B**: seus pés podem estar no chão, mas estão presos em concreto, Sra. Desesperada. Você deveria dar a volta rapidamente e procurar por suas pegadas nas páginas anteriores deste livro.

Maioria **C**: você tem certeza de que não está se protegendo de qualquer sofrimento de forma que desconsidere metade dos seres humanos na face da Terra? É melhor você ver bem onde está pisando antes que se torne ainda mais amargurada.

> Você só estará pronta para o amor novamente quando estiver segura o suficiente para saber que não ter alguém não torna você ou sua vida inferiores.

A tática da lista de compras

Algum dia você já foi alertada para não fazer compras quando está com fome – porque normalmente gasta uma fortuna só para descobrir que não tem nada no seu carrinho que possa ser considerado uma refeição de verdade?

Bom, o mesmo princípio pode ser facilmente aplicado quando você vai "às compras" em busca de um novo namorado. No momento em que você começa a se apaixonar por uma nova pessoa, é bem possível que a "fome" tome conta. Em um minuto você nem sabe o nome dele e, no outro, já sabe quanto ele calça, onde ele nasceu e se ele ainda tem o apêndice ou não. Você cria razões para citá-lo em todas as conversas, vai para o trabalho pelo caminho que passa em frente à casa dele na esperança de vê-lo por ali, guarda tudo o que acontece com você para contar para ele depois, e seu coração (ou algum outro órgão um pouco mais abaixo) entra em êxtase toda vez que o telefone toca ou chega uma nova mensagem.

> Quais são os ingredientes masculinos indispensáveis para satisfazer seu apetite de amor e contentamento?

Não há nada de errado com essa primeira descarga emocional causada pelo amor (e pela luxúria). É uma daquelas vezes em que a vida engata a próxima marcha e você vive cada dia como se saltitasse pelo arco-íris. Aproveite enquanto dura, mas não se esqueça de que enquanto você opera quase inteiramente nesse nível desfrutando suas emoções, as vozes do bom-senso, do juízo, da experiência e de todas aquelas outras qualidades pelas quais você esteve trabalhando tanto para desenvolver estarão lutando para serem ouvidas em meio a todo o barulho de flautas, cantorias e corais angelicais que ecoam em sua cabeça.

Isso significa que há uma pequena chance de você errar de novo e no fim se envolver com mais um mané. Mas por enquanto, antes de chegar ao estágio em que você se agarra a essa sensação revigorante de ânsia pelo Homem Certo, reserve algum tempo para si mesma e faça uma lista de compras com as qualidades que você gostaria de encontrar em seu futuro companheiro.

Prometa a si mesma que, não importa quão atraente ele pareça, você não vai ceder à tentação de mudar qualquer ingrediente essencial em sua receita. Veja na página seguinte algumas dicas sobre os modelos básicos de homens.

> Enquanto estiver fazendo sua lista de compras, pense novamente naquele exercício que fizemos sobre seus relacionamentos anteriores (veja nas páginas 35-36). Será que não há nenhuma outra qualidade que você acha fundamental que o seu Homem Certo em potencial tenha?

Grandes coisas sobre grandes homens

O mané de uma garota normalmente acaba sendo o cara certo para outra, mas algumas qualidades sempre aparecem na lista da maioria das mulheres (e homens).

O Homem Certo:

- Sabe que não é perfeito (pode ser que a barriga dele esteja mais para gelatina do que para tanquinho), mas ele é feliz consigo mesmo.

- Tem alguns bons amigos, um grupo maior com quem ele se socializa e mantém contato com algumas ex-namoradas.

- Já leu *Homens são de Marte, Mulheres são de Vênus*, mas diz que ainda restam vários outros planetas em que os sexos podem se encontrar e dar certo.

> É bem improvável que o Homem Certo apareça em um cavalo branco.

- Não muda de assunto quando você quer conversar sobre o relacionamento de vocês, mesmo parecendo um pouco desconfortável.

- Demonstra abertamente seu afeto por você, seja quando fazem uma visita obrigatória à família ou quando estão namorando em casa (onde, se Deus quiser, ele fará essa demonstração de um jeito ligeiramente diferente).

- Ama fazê-la sorrir, odeia fazer você chorar e está disposto a lhe trazer o café da manhã na cama.

- É generoso – com seu tempo, atenção e dinheiro – mas também estabelece limites sensatos para si mesmo e para seus recursos, baseando-se em manter uma sólida autoestima.

- É forte o suficiente para ser capaz de demonstrar suas fraquezas: ele se levantará da cama de madrugada para checar os barulhos estranhos na casa se você se livrar daquela aranha no canto da parede.

- Entende que intimidade não é só uma palavra bonita para sexo, mas tem a ver com considerar as necessidades e desejos de ambos os parceiros.

Alguns extras

O que mais você aprendeu com tudo aquilo que pode contribuir para sua felicidade em geral? Será preciso mais do que só ingredientes básicos para abalar o barco de seus relacionamentos longos?

Talvez você esteja tão certa de que quer se casar e ter filhos que não há por que perder seu tempo com alguém que nunca estará disposto a fazer isso junto com você. Talvez você tenha certeza de que ele não é o Homem Certo a menos que compartilhe com você os mesmos valores sociais e culturais – como aquela sua paixão por se vestir como os personagens da série *Jornada nas Estrelas*. Ou talvez você se conheça o suficiente para ter consciência de que nunca será feliz com alguém que come carne, não ganha um bom salário ou não faz a Terra tremer (ou, pelo menos, balançar um pouquinho) quando estão na cama.

> Qualquer grande homem saberá reconhecer suas próprias virtudes e fraquezas.

No entanto, pode ser que, muito além daqueles aspectos essenciais sobre como ele é e se comporta, você não poderia estar menos preocupada se ele é alto, baixo, magro ou do planeta Zog. Diferenças podem se tornar compatibilidade tanto quanto coisas em comum.

Nenhuma dessas abordagens é certa ou errada. O que você escreve é um reflexo de todo o crescimento e apredizado que adquiriu – e seu comprometimento com livrar-se de seu mané, achar e construir um relacionamento melhor para você e seu futuro companheiro.

Cega pelo homem certo

Alguns alertas de precaução. O primeiro é que os homens que você conhece têm todo o direito de ser tão específicos sobre suas exigências quanto você.

> O único rigor que você deve seguir enquanto faz sua "lista de compras" para o Homem Certo é colocar o que é bom para você, e só para você.

E não espere encontrar seu par logo de cara. A menos que ele seja bondoso o suficiente para aparecer à sua porta com o currículo em mãos (ou que você coloque um anúncio no jornal bem específico dizendo quem deve ou não se candidatar), e, nesse caso, é improvável que seus primeiros diálogos comecem com "Então, se der certo, você se casa comigo?". Só não se esqueça de ter sua "lista de compras" em mente e fique atenta para que caminho está tomando esse relacionamento e como você se sente.

Muito provavelmente você não encontrará o Homem Certo de primeira, mas você chegou tão longe que agora deve ser muito mais divertido procurar por ele.

> No fim, o único verdadeiro Homem Certo é aquele que procura pelo mesmo tipo de relacionamento que você.

A última advertência é sobre a Elena, que apareceu logo no primeiro capítulo deste livro com sua atração fatal pelo Homem Casado. Após tantos anos pulando de um mané casado para outro, suas amigas nunca acreditaram que ela conseguiria se livrar de seu vício em homens que não podiam passar a noite com ela, conhecer sua família, viajar com ela, aparecer em público ou até mesmo cuidar dela quando estivesse doente. Foram quatro anos de sofrimento, raiva, abandono, solidão, ressentimento e tristeza, mas também de aulas de *yoga*, voluntariado e caridade e de reciclagem para professores até que ela realmente conseguiu seguir com sua vida. Ela finalmente conheceu seu Homem Certo em uma dessas aulas. O que é interessante, no entanto, é que ela não o reconheceu de primeira, já que ele estava disfarçado.

Descrente, ela dizia: "Ele insiste que estava em meu ponto cego. Todos esses anos eu procurei pelo Homem Certo com um determinado tipo de corpo. O George não é nada parecido com nenhum homem com quem já estive. Ele é bem mais velho e nunca se preocupou em entrar em forma – nunca nem esteve em forma! Mas ele também é inteligente, sexy, engraçado, verdadeiro e me adora. Sinto como se não tivesse de fingir ser mais ninguém, posso ser eu mesma quando estou com ele. Eu não esperava que o amor fosse assim."

Então, tenha em mente: você nunca sabe como o Homem Certo pode surgir em sua vida.

Entre em contato com seus sentimentos

Você pode ter se fechado em um casulo de carência quando estava com seu mané, mas em sua vida o combustível sempre foi suas emoções. E mesmo que fossem negativas, como insegurança, raiva ou frustração, elas trouxeram um senso de aventura, uma excitação perversa para o relacionamento. Não cometa o erro de pensar que não é amor só porque a adrenalina não está presente, ou porque parece fácil demais ou pacífico demais para ser realmente aquilo pelo que você esteve procurando esse tempo todo.

Há outro momento em que você deve confiar em seus instintos mais profundos, que é quando se trata de saber a diferença entre o Homem Errado, o Homem Certo e o Homem Na Direção Certa.

Um nível saudável de autoestima lhe dá a confiança para não só saber o que você quer no amor como também para confiar em suas ferramentas interiores para se dar bem. Ele pode não ser um mané, mas também ainda não é a pessoa certa para você, então confie em sua intuição e lembre-se de que tem o direito de dizer "não".

Prestar atenção em seus instintos também significa estar alerta aos sinais de perigo que soam em sua cabeça quando seu novo homem faz uma das coisas a seguir:

- Esconde alguma coisa óbvia, como onde ele mora, seu número de telefone ou e-mail.

- Assusta você com a força de seus sentimentos em uma fase prematura.

- Deixa-a para baixo e você percebe que foi intencional.

- Geralmente presta muita atenção em outras mulheres.

- Mente para você.

Também fique alerta se você tiver de comprometer sua personalidade, suas crenças ou seus valores para se adequar ao que ele procura.

> Preste atenção e não deixe o que você está procurando passar despercebido porque não faz uma fanfarra quando passa por você.

Lembre-se de que você acaba de ser forte o suficiente para dar um adeus final ao Bad Boy, ao Homem Casado, ao Carente, ao Não Confiável e ao resto da gangue de manés. Eles podem até ainda precisar de você, mas você definitivamente não precisa mais deles.

Finalmente, aprenda a diferença entre instinto e sentimentos associados ao seu passado. Não importa quão bem você agora entenda a si mesma e ao seu passado, a bagagem sempre vai pesar em seu ciático. Tome cuidado com sentimentos que parecem muito fortes para a situação e se dê espaço para trabalhar nisso, quer seja sua intuição ou o passado falando mais alto.

Olá, Homem Certo!

Há uma infinidade de conselhos sobre onde conhecer seu Homem Certo – muitos com os quais você já deve estar acostumada em razão da sua vontade de ser uma solteira feliz.

Em um planeta com alguns bilhões de pessoas, não faltam parceiros potenciais esperando para conhecê-la, contanto que você faça o esforço de se colocar no meio da rota deles, seja por meio de clubes de solteiros, festas, agências de namoro, pequenos anúncios, bate-papos virtuais, mesma turma de amigos, encontros às escuras ou conferências de trabalho.

E não se sinta desestimulada ao ouvir histórias de terror que ensinam alguns métodos; prefira se deixar seduzir por maravilhosas histórias de um doce sucesso. Para cada pessoa que nunca nem sonhou em construir um relacionamento tela a tela em vez de face a face, há outra pessoa que agora está dividindo o espaço de sua casa com alguém que conheceu no ciberespaço. Afinal, pode ser que você tenha ficado por fora do jogo do amor por um tempo e não só se esqueceu de algumas jogadas, mas também se esqueceu dos meios. Anúncios de corações solitários – que uma vez foram vistos como tristes e bregas – são agora um canal quando você anuncia seu carro ou sua casa; e muitos relacionamentos felizes começam com uma mensagem no celular.

Depois de todo o trabalho que você teve consigo mesma, é sempre bom continuar testando seus limites, então esteja preparada para uma porção de dificuldades enquanto você se aventura no jogo do amor novamente. Mas também fique atenta quanto à diferença entre desconforto e dor. Se você entrar para um grupo de solteiros que sempre jantam juntos para fazer novos amigos de ambos os sexos, mas perceber que a única relação em que todos estão interessados é a sexual, peça licença e saia.

Se seus métodos para se colocar à prova começarem a machucá-la ou fizerem você transpirar enquanto dorme, significa que você não está respeitando seus próprios limites e simplesmente não vale a pena.

E de repente acontece

Ele é amável, quer as mesmas coisas que você, e você soube quase desde o momento em que ele abriu a boca que o relacionamento de vocês seria importante.

Isso é ótimo. Curta esses sentimentos e a diversão de começar a conhecê-lo. Mas não se sinta como se tivesse de apressar algo antes que você – e, igualmente importante, ele – esteja pronta.

Quando tudo parece certo, é tentador pular algumas fases no processo de se conhecerem melhor, ir do "Quem é você?" direto para o "Como você gosta dos seus ovos fritos?" porque você sabe claramente o que quer, então sente que tem certeza quanto a ele. Mas lembre-se de que, a não ser que ele esteja igualmente certo sobre você desde o início, sua pressa pode assustá-lo. E afinal, a menos que você realmente tenha achado alguém do planeta Zog, ele também estará carregando alguma bagagem consigo. Você precisa estar atenta e ficar sensível ao que pode estar acontecendo no ponto cego dele.

Pense bem sobre estar pronta para transar novamente. Pode ser que você esteja sentindo tanta falta disso que seja difícil resistir a jogá-lo em sua cama na primeira oportunidade. Mas lembre-se de que, para a maioria de nós, elevar o relacionamento para um nível físico é um sinal de que ele se aprofundou e se fortaleceu, enquanto para outros não é. Sexo

> **Lembre-se de que, se é o certo a fazer, não deixará de ser certo só porque vocês dois precisam de um tempo.**

e intimidade não são necessariamente a mesma coisa, então espere até que você tenha certeza de que fazer amor será algo recíproco, e não uma experiência unilateral.

Construa seu próprio futuro

Você aprendeu com quase toda revista ou livro que já leu que relacionamentos na vida real requerem trabalho, o que – mesmo com a melhor intenção do mundo – não é o que gostamos de ouvir enquanto lutamos para dar conta de todos os outros problemas em nossas vidas.

Trabalho é igual a esforço, que é igual a tempo e energia – as duas coisas com o estoque mais baixo na vida das pessoas. Uma parte de nós sempre acreditou no amor como um refúgio, um lugar para onde podemos escapar quando estamos cansados de tentar ser um completo sucesso em todas as áreas de nossas vidas.

Mas há muitos tipos de refúgio, e o que você cria com o Homem Certo é de inteira responsabilidade de ambos. Há toda a diferença do mundo entre colocar um tijolo em cima do outro todos os dias de sua vida e desenhar e planejar a incrível construção em que você sempre sonhou viver. O primeiro é só trabalho mecânico e pesado; já o outro é uma atitude que requer criatividade, comprometimento, paciência, colaboração, comunicação, coragem e fé em você mesma e em seu parcciro. Não é só trabalho por trabalho, é, na verdade, uma obra de arte, e a recompensa para ambos é enorme.

Enquanto trabalha, você tem a oportunidade de crescer, aprender sobre si mesma e sobre ele e viver sua vida como se fosse uma aventura em que é possível fazer seus sonhos se tornarem realidade.

Com o Homem Certo ao seu lado – seja quem ele for afinal, e de onde quer que ele esteja fugindo direto para os seus braços –, você alcançará ainda mais coisas do que sozinha. Com o seu relacionamento vencedor lhe proporcionando as bases, você estará apta a construir um futuro que oferece mais riqueza, diversão, estabilidade, contentamento e oportunidades – seja pelo que for que você procura – do que você poderia ter imaginado.

Então, sem mais manés. Só o Homem Certo e o relacionamento certo no tempo certo. Certo?